Mlle J. BURRET

CAUSERIES

DE

PÉDAGOGIE PRATIQUE

D'UNE

DIRECTRICE D'ÉCOLE ANNEXE

AVEC SES ÉLÈVES

MACON

GERBAUD FRÈRES, LIBRAIRES

1898

CAUSERIES

DE

PÉDAGOGIE PRATIQUE

MACON, PROTAT FRÈRES, IMPRIMEURS

Mlle J. BURRET

CAUSERIES

DE

PÉDAGOGIE PRATIQUE

D'UNE

DIRECTRICE D'ÉCOLE ANNEXE

AVEC SES ÉLÈVES

MACON
GERBAUD FRÈRES, LIBRAIRES
—
1898

AVANT-PROPOS

Vous m'avez demandé, mes chères élèves, un recueil des procédés pratiques d'enseignement à l'École primaire, que je vous avais indiqués durant votre séjour à l'École normale.

Mon vif désir de vous être utile a fini par vaincre mes scrupules, et, sur votre gracieuse insistance, je vous offre ce volume où vous retrouverez les sujets de nos causeries de pédagogie toute pratique.

Des scrupules, vous savez que j'en opposais à votre désir. Imprimer mes procédés d'enseignement, vous disais-je, mais vous n'avez donc pas remarqué que, à la suite de mes lectures, de mes expériences, j'y apporte chaque année des modifications? — Quel sera mon ennui, dans deux ou trois ans, de voir fixés des procédés que j'aurai peut-être réussi à perfectionner?..... Puis, j'avais une autre inquiétude... Je vous avais vues si souvent, à l'École annexe, esclaves de ces procédés, et n'y rien changer de vous-mêmes suivant les circonstances, que je redoutais encore, en les fixant davantage dans votre esprit, d'endormir chez vous toute initiative.

D'autre part, votre tâche est si lourde que j'ai convenu avec vous qu'il serait peut-être dur de vous refuser plus longtemps cette rédaction de nos causeries qui, m'assurez-vous, vous sera d'un grand secours. — Sans doute, vous me comprendrez mieux encore que lorsque vous étiez à l'École.

J'y joindrai quelques notes sur l'Éducation physique et sur l'Éducation morale.

Mais, ne l'oubliez pas, ces procédés, pour vous, c'est presque encore de la théorie. — A chacune de vous d'y ajouter, d'y retrancher ce que lui suggéreront l'esprit d'initiative, l'observation, l'expérience, les lectures, l'organisation spéciale de sa classe, etc.

Ces procédés sont un point de départ : à vous de les perfectionner ; ils sont sans vie, à vous de les animer, en y faisant passer de votre âme.

J. BURRET.

DE L'ÉDUCATION

DE L'ÉDUCATION

BUT GÉNÉRAL DE L'ÉDUCATION

Entre toutes les belles définitions de l'éducation, les unes générales, les autres particulières, rappelons celle-ci : elle est de Platon : « L'éducation a pour but de donner au corps et à l'âme toute la beauté et toute la perfection dont ils sont susceptibles. »

D'après Kant aussi, le but de l'éducation serait celui-ci : « Développer dans l'individu toute la perfection dont il est susceptible. »

« Mais comme une telle œuvre ne peut s'achever dans l'enfance, et qu'elle demande, pour être accomplie, l'existence entière, j'oserais proposer, dit Mme Necker, un léger changement à cette belle définition : donner à l'élève la volonté et les moyens de parvenir à la perfection dont il sera un jour susceptible. »

Notons encore la définition de James Mill : « L'éducation a pour but de faire de l'individu un instrument de bonheur pour lui-même et pour les autres. »

CARACTÈRE D'UNE BONNE ÉDUCATION

Les principes d'une théorie d'éducation, les procédés employés dans la pratique de cette théorie, doivent tous avoir pour base le *respect de l'enfant*.

L'enfant, c'est la naïveté, la confiance, la grâce !
L'enfant, c'est la joie, c'est l'espoir !
L'enfant, c'est une âme qu'il faut éveiller pour le bien.

« L'homme est grand en sa qualité d'homme, quels que soient sa place et son état. Toute distinction extérieure devient insignifiante devant la grandeur de sa nature..... Dans l'âme, comme dans la création extérieure, c'est ce qui est commun qui est le plus précieux..... Ne ravalons pas cette nature qui est commune à tous les hommes, car nulle pensée ne peut en mesurer la grandeur. »

CHANNING.

Respect de la marque particulière de l'âme de chaque enfant :

« Si la même main créatrice, qui a magnifiquement diversifié ses productions dans l'univers, a imprimé à chaque être humain un caractère particulier, dès lors ce caractère prend quelque chose de sacré. Il est le sceau de l'œuvre divine, et l'instituteur doit chercher à le conserver. Trouver le point où le plus de perfection possible s'unit à la forme originale la mieux prononcée doit être l'objet de ses soins.....

Dès que le naturel est contraint ou altéré, on peut être certain qu'on est sur la mauvaise route. »

Mme NECKER.

« Le talent même ne porte ses meilleurs fruits que dans une âme bien ordonnée ; sans effacer donc le trait principal, on doit chercher à le mettre en harmonie avec tous les autres. »

Mme NECKER.

Respect de la faiblesse de l'enfant :

« C'est toujours une grande faute que de forcer la nature ; elle résiste et se brise, ou bien elle cède et s'affaiblit. »

DUPANLOUP.

« Demander de la raison à des enfants, et exiger d'eux de la fermeté et de l'attachement au bien, c'est chercher du fruit dans un arbre nouvellement planté. Il faut donc s'accommoder à leur faiblesse pour quelque temps. »

COUSTEL (*Port-Royal*).

« Rien n'abat si fort l'esprit des enfants que d'avoir un maître trop sévère, et trop difficile à contenter. »

QUINTILIEN.

« Il est, en particulier, des ménagements qu'on n'observe pas assez avec les enfants ; ce sont ceux qu'exigent certains intervalles où ils paraissent frappés d'incapacité, sans que leur santé soit visiblement altérée. On les tourmente beaucoup dans ces moments où, pourtant, il est vraisemblable qu'ils sont soumis à quelque influence physique. Le mieux alors est de se résigner à la stagnation de leurs progrès, de se trouver même heureux s'ils ne retournent pas en arrière, et de former des plans plus comme médecins que comme instituteurs. »

Mme NECKER.

L'enfant doit prendre une part active à l'œuvre de son éducation :

« Dans l'éducation, ce que fait l'instituteur par lui-même est peu de chose, ce qu'il fait faire est tout. »

DUPANLOUP.

« Élever un enfant, c'est lui apprendre à se passer de nous. »

LEGOUVÉ.

Le respect de l'enfant se concilie avec la fermeté :

La voix de l'instituteur remplace pour l'enfant la voix de la conscience qu'il ne peut encore entendre assez bien.

« N'établissez qu'un petit nombre de lois, mais une fois établies, veillez à ce qu'elles soient rigoureusement observées. »

LOCKE.

« De toutes les fautes qu'on peut commettre dans l'éducation, la pire est l'inconséquence. »

H. SPENCER.

MOYENS GÉNÉRAUX D'ÉDUCATION

Éducation personnelle du maître.

« Toute la valeur de l'École, sachez-le bien, est dans le maître. »
Channing.

« Avant d'entreprendre de faire un homme, il faut s'être fait homme soi-même. »
J.-J. Rousseau.

« Il faut nous interdire tout ce qui pourrait démentir notre dignité, soit dans la parure, soit dans le maintien et le geste. »
Cicéron.

« L'instituteur a besoin d'une instruction supérieure pour s'élever à la simplicité. »
Vinet.

« La première étude qu'un *régent* doit faire est celle qui regarde les matières qu'il enseigne..... Ce n'est pas qu'il doive accabler ses écoliers d'un grand nombre de préceptes : mais pour en faire le choix, il faut les savoir tous ; et un maître habile, qui joint le discernement à la capacité, tire de ses lectures un grand secours pour instruire les jeunes gens..... Je ne puis trop exhorter les professeurs à se faire chacun une petite bibliothèque plus ou moins grande, selon leurs besoins et leurs revenus..... dépense absolument nécessaire pour notre profession, comme les instruments le sont dans chaque métier pour les ouvriers. »
Rollin.

« Avoir à former des âmes est une excitation bien forte à tenir haut son propre cœur, à se défendre des défaillances lorsqu'une fois on a pris son vol. »

Michelet.

« Il serait honteux que celui qui fait profession d'apprendre à bien vivre, ne suivît pas lui-même les maximes et les règles qu'il prescrit aux autres. »

Coustel (*Port-Royal*).

« Il n'y a rien qui pénètre l'esprit des hommes aussi doucement et aussi profondément que l'exemple. »

Locke.

Étude de l'enfant.

« Le cœur de l'enfant, voilà le livre qu'il faut sans cesse méditer, approfondir; cette étude est sans fin; toujours il y aura pour vous quelque chose à y découvrir; et vous ne serez propre à votre œuvre que dans la proportion où vous serez devenu habile à lire dans ce livre vivant et à en pénétrer tous les secrets. »

Dupanloup.

« Le moyen de connaître les enfants, c'est de les mettre dès l'âge le plus tendre dans une grande liberté de découvrir leurs inclinations; de laisser agir leur naturel pour le mieux discerner; de compatir à leurs petites infirmités pour leur donner le courage de les laisser voir; de les observer sans qu'ils s'en aperçoivent, surtout dans le jeu où ils se montrent tels qu'ils sont : car les enfants sont naturellement simples et ouverts; mais dès qu'ils se croient observés, ils se ferment, et la gêne les met sur leurs gardes. »

Rollin.

Influence des maîtres.

« Il faut commencer par vous faire aimer de vos filles, sans quoi vous ne réussirez jamais.....

L'amitié que vous avez pour vos filles ne vous nuira jamais tant que vous les aimerez également; les préférences perdraient les classes et vous-même. »

Mme DE MAINTENON.

« Le maître qui aide l'enfant à atteindre l'objet de ses désirs, qui lui procure journellement le plaisir de la victoire, qui l'encourage dans les difficultés, qui sympathise avec lui dans le succès, sera nécesssairement vu avec plaisir, et si sa conduite est toujours en rapport avec ses principes, il sera aimé. »

H. SPENCER.

« Après l'affection de nos élèves, le premier sentiment que nous devons obtenir d'eux, c'est leur considération.

La considération s'obtient par des moyens qui dérivent tous d'une âme honnête et de sentiments élevés. Ces moyens sont, dans toute la personne, une sérénité grave et douce, une harmonie gracieuse et digne à la fois, aussi exempte d'affectation que de négligence. — C'est la droiture dans les affaires, le désintéressement dans les actes, la probité dans toutes les relations, la véracité en tout et toujours. »

Mme PAPE-CARPENTIER.

« L'élément le plus puissant de l'autorité est la bonté; celle-ci n'est point la faiblesse. La bonté est sage, prévoyante de la faute possible, indulgente à l'erreur pour la redresser; elle est sévère au mal conscient; en un mot, elle ne va pas sans la justice. »

GEORGES DE LYS.

CONCLUSION

« Former un homme est chose de finesse, c'est chose de péril ; n'y hasardez pas l'infaillibilité d'une géométrie bien conçue, et n'en espérez point la tranquillité suprême des démonstrations bien conduites. Il y aura lutte ; il y aura de l'imprévu ; il y aura les brusqueries, les coups de tête, les défaillances, les relèvements, les inerties, les miracles de la nature active et libre ; il y aura tout le va-et-vient tumultueux, éclatant en harmonie ou dégénérant en chaos, qui est dans l'homme comme sur la mer. »

Marion.

LIVRE PREMIER

ÉDUCATION PHYSIQUE

CHAPITRE

PRINCIPES GÉNÉRAUX

« Ce n'est pas une âme, ce n'est pas un corps qu'on dresse ; c'est un homme ; il n'en faut pas faire à deux, et comme dit Platon, il ne faut pas les dresser l'un sans l'autre, mais les conduire également comme une couple de chevaux attelés à un même timon. »

MONTAIGNE.

Ne cherchons pas la culture intellectuelle aux dépens de la santé.

L'exercice physique est nécessaire à la santé du corps et à la santé de l'âme.

CHAPITRE II

TENUE DE LA SALLE DE CLASSE

Une des conditions principales favorables au développement physique des enfants est la bonne tenue de la salle de classe.

Soins journaliers.

Nettoyages. — Tous les jours, la salle de classe est balayée et époussetée.

Après le balayage, la salle est aérée pendant un temps suffisamment long pour chasser la poussière.

Les fenêtres sont maintenues ouvertes pendant l'époussetage, et ne sont refermées qu'après un temps suffisant pour purifier l'atmosphère.

Dans certaines communes où les municipalités ne peuvent faire les frais d'une allocation à une femme de service chargée du balayage des salles de classe, les maîtres ont réussi à obtenir de très faibles cotisations de la part de leurs élèves. Le montant de ces cotisations sert de gages à une femme chargée des nettoyages des salles de classe.

Les salles sont aérées entre les classes du matin et les classes du soir.

Les jours de beau temps, les fenêtres restent ouvertes le plus possible dans la journée, mais non durant la nuit.

Chauffage. — En hiver, les salles doivent être chaudes à huit heures.

Aérage pendant les récréations. — Pendant chaque récréation, faire l'aérage de la salle, quel que soit le froid.

Cependant, les jours de brouillards épais, ne pas ouvrir; ces jours-là, s'il est possible, aérer seulement sur les couloirs.

Remarque. — La maîtresse n'ouvre pas elle-même les fenêtres avant de faire sortir les élèves en récréation, car elle établirait ainsi, avec la porte de sortie, un mauvais courant d'air sur les enfants. — Mais comme elle ne peut abandonner toutes ses élèves à la cour, elle charge, à chaque récréation, une grande élève d'ouvrir les fenêtres après la sortie. — Cette même grande élève aura encore le soin de les refermer assez de temps avant la rentrée pour que l'atmosphère de la salle puisse être chauffée de nouveau à l'arrivée des enfants.

Bibliothèque. — Pupitres. — Le pupitre de la maîtresse doit toujours être dans un ordre parfait.

On peut, dans la bibliothèque, grouper les livres de la façon suivante : d'une part, les livres à l'usage des maîtresses; d'autre part, les livres à l'usage des élèves. Disposer tous ces livres par piles : piles d'histoire, de géographie, de sciences, d'arithmétique, etc. — Sur chacune de ces piles, placer une bande de papier sur laquelle sont les renseignements indicateurs; le nom de la pile: histoire, géographie, etc., et le nombre des livres de la pile.

Tous les jours, chez les plus jeunes enfants, une ou deux fois par semaine chez les plus grandes, nettoyage des pupitres. — Pour ne pas oublier cet exercice, le noter sur l'emploi du temps. — Mieux vaut ne pas le faire à jour fixe.

En visitant les pupitres, s'assurer que les livres et les cahiers sont bien couverts. Le papier de journal n'est pas toléré, ni aucun imprimé.

Habituer les enfants à ne rien jeter à terre et à garder, pendant la journée, dans un coin de leur pupitre, les débris de papier, les vieilles plumes, etc. — Le soir, au moment de la sortie, elles déposeront tous ces objets en un coin désigné de la salle.

Goûters. — Les goûters ne doivent pas être introduits en classe, mais laissés au vestibule, soit dans les petits paniers, soit dans un placard proprement tenu.

Nettoyages hebdomadaires.

Le nettoyage de chaque jour est insuffisant.

Tous les huit jours : époussetage des murs, des tableaux, des cartes, etc.; noircissage des poêles, des tableaux noirs; renouvellement des torchons.

Souhaitons que les municipalités fassent les frais du lavage des salles de classe et des cabinets, au moins une fois par mois.

Luxe de la classe.

La classe doit être égayée par des fleurs dont le parfum ne soit pas fort, et par des tableaux. — On peut au moins faire des tableaux avec des sujets de bon goût qu'il est facile d'obtenir des libraires. On colle soi-même ces planches sur des cartons que l'on borde avec du papier de couleur, et on en garnit les murs de la salle de classe.

REMARQUE. — Entretenir la propreté de la cour aussi bien que celle de la classe. — N'y pas tolérer en particulier des débris de papier.

CHAPITRE III

TENUE DES ÉLÈVES

La propreté.

La propreté est nécessaire à la santé.

« On n'imagine pas plus facilement une âme sans tache dans un corps malpropre qu'une eau pure dans un vase immonde. »
Stahl.

La visite de propreté du matin doit être très complète.

Vérifier la propreté du visage, du cou, des oreilles, des mains, des ongles, même de l'avant-bras en faisant relever les manches, de la chaussure, des vêtements.

Veiller avec soin à la bonne tenue des cheveux : à l'aide d'une épingle à cheveux, les séparer surtout sur la nuque.

Faire vider les poches pour s'assurer qu'elles contiennent un mouchoir propre, et qu'elles ne servent pas de réceptacles à quantité d'objets, même à des friandises... tout autant de sujets de distraction. Ne jamais oublier de rendre à la sortie ce qui a été enlevé aux enfants.

A la visite de propreté de la rentrée du soir, constater simplement que le visage et les mains ont été débarbouillés après le repas; visiter de nouveau les poches.

Avec de grandes élèves, la visite de propreté doit être moins méticuleuse qu'avec des petites filles. Elle peut se faire en classe, aussitôt après la rentrée. Une simple observation en public doit être une punition suffisante.

Pour les petites, faire la visite dans la cour, à mesure qu'elles arrivent, afin d'avoir le temps de réparer, s'il y a lieu, l'insuffisance de leur toilette. (Avoir de l'eau, du savon, et une ou plusieurs serviettes de toilette.)

Afin de faire prendre aux jeunes élèves l'habitude de ne tacher d'encre ni leurs doigts, ni leurs vêtements, une visite est souvent nécessaire à la sortie de la classe.

Maintien.

« Le bon air et la contenance libre et honnête font encore paraître davantage les belles qualités de l'âme. »

Coustel (Port-Royal).

Ne jamais tolérer, soit en classe, soit à la cour, la mauvaise tenue.

Pour faire prendre aux enfants l'habitude de rejeter les épaules en arrière, leur faire quelquefois tenir les mains au dos pendant des exercices oraux.

Faire faire les rentrées et les sorties également les mains au dos; du moins lorsque les enfants sont débarrassées de leurs petits paniers ou de leurs cartables.

Faire exécuter souvent aux élèves, mais avec précaution, l'exercice de gymnastique qui consiste à se faire toucher les coudes.

Amener les enfants à ne pas courir dans les rues, ni à y marcher trop lentement.

Je voudrais voir une maîtresse soucieuse même de l'élégance de ses élèves.

Précautions particulières.

Par des observations répétées au début, faire perdre aux enfants la mauvaise habitude de porter à leur bouche leur crayon, leur porte-plume, etc.

Si la salle de classe manque de persiennes ou de rideaux, les remplacer par du papier foncé, ou faire changer de place les élèves qui reçoivent des rayons de soleil sur la tête.

Quand la cour est au soleil, exiger que les enfants mettent leurs chapeaux;

Il est des saisons où la température de la cour et celle de la classe sont très différentes. — Si la température est plus élevée à la cour, ne faire mettre les fichus ou vêtements supplémentaires qu'en classe. Si la température est plus élevée en classe, faire mettre les fichus, etc., à la sortie.

Disposer les tables de classe de manière que les enfants reçoivent la lumière de gauche à droite.

Autant que possible, pas de tables trop près des murs, afin que les élèves ne s'appuient pas contre des murs quelquefois humides et froids.

Si une enfant paraît souffrante, l'interroger, et s'il y a lieu, faire part de ses craintes aux parents.

En hiver, ne pas obliger les enfants à laisser leurs sabots au vestibule.

Si quelques élèves apportent leur dîner à l'école, veiller à ce qu'elles prennent convenablement une nourriture suffisante.

Recourir aux sociétés de charité pour les élèves pauvres; inutile, je pense, de recommander de respecter la dignité de ces élèves.

Défauts physiques.

Donner aux enfants myopes les tables les plus rapprochées des tableaux noirs.

Appeler près de soi, pendant les exercices de gymnastique, afin de s'en occuper spécialement, les élèves atteintes, par exemple, d'une paralysie partielle d'un bras, d'une jambe.....

L'éducation n'est pas sans prise sur quelques défauts physiques : pesanteur apathique, manières grossières ou maladroites, mauvaise prononciation, voix désordonnée, gestes ridicules, ton commun ou criard..... En commencer de bonne heure la correction.

CHAPITRE IV

MALADIES DES ENFANTS

Conditions d'entrée à l'école. — Avec son bulletin de naissance, chaque enfant doit apporter, à son entrée à l'école, un certificat de vaccination. Ce bulletin et ce certificat sont conservés pour lui être rendus à sa sortie de l'école.

« L'enfant amené à l'école maternelle dans un état de maladie n'est pas reçu. S'il devient malade dans le courant de la journée, il est reconduit chez ses parents, et, en cas d'urgence, envoyé chez le médecin de l'établissement. Les enfants fatigués ou indisposés sont déposés sur un lit. »   (*Législation scolaire.*)

Maladies contagieuses. — « Chaque fois que l'absence d'un enfant sera occasionnée par l'une des maladies ci-après : variole, varicelle, scarlatine, rougeole, diphtérie, oreillons, l'instituteur, l'institutrice ou la directrice d'école maternelle ne devront recevoir cet enfant qu'après s'être assurés que la période d'isolement est écoulée. Cette période, qui doit être comptée à partir du début de la maladie, est de quarante jours pour la variole, la scarlatine et la diphtérie, de vingt-cinq jours pour la varicelle, la rougeole et les oreillons. Quant aux enfants atteints de la coqueluche, maladie dont la durée est extrêmement variable, ils ne pourront être admis de nouveau dans les écoles qu'en présentant un certificat du médecin-inspecteur des écoles, ou, à son défaut, du médecin traitant, attestant qu'ils sont guéris depuis un mois. » (C., 25 mars 1890.) — (Extrait de la *Législation scolaire* de M. Jean d'Estournelles de Constant.)

On trouvera, dans les bulletins départementaux, d'autres circulaires concernant les maladies contagieuses.

CHAPITRE V

EXERCICES D'OBSERVATION

« De la puissance d'observer dépend le succès en toutes choses. »
H. Spencer.

Vue. — Apprendre aux jeunes enfants à distinguer les couleurs avec leurs nuances; — les formes des objets.

Pour cela, se servir de leurs vêtements, d'échantillons de papier ou d'étoffe, des objets de la classe, etc.

Faire distinguer une plante d'une autre, un minéral d'un autre, etc., soit en apportant soi-même en classe les échantillons nécessaires, soit en les faisant apporter par les élèves.

Attirer leur attention sur des particularités de la rue, du jardin, etc.

Exercer l'œil à l'évaluation approximative des dimensions : au début, les élèves apprécieront ces dimensions en ayant sous les yeux la mesure de longueur qui doit leur servir de terme de comparaison. — Puis, devenues plus habiles, elles mesureront des yeux une étendue, sans avoir même le secours de la vue de l'unité de mesure.

Les exercer également à comparer entre elles plusieurs dimensions.

Vérifier toujours, à l'aide de l'unité de mesure, et devant toute la classe, l'exactitude des réponses.

Toucher. — Les yeux fermés, une élève doit dire la forme et le nom d'un objet qu'on lui met entre les mains.

Apprécier le poids approximatif d'un objet placé dans une main, par comparaison avec un poids gradué placé dans l'autre main.

Enfin trouver le poids d'un objet sans tenir d'une autre main un poids comparatif.

Vérifier, à l'aide de la balance, devant toute la classe, l'exactitude des réponses.

Ouïe. — Amener les enfants à distinguer les sons, leur nature, leur intensité, leur direction.

Pour cela, profiter d'un bruit de voiture, d'un bruit de voix..... qui parvient jusqu'à la classe.

Frapper soi-même sur des corps différents ; les élèves, les yeux fermés, doivent dire de quelle nature : fer, bois, verre, etc., sont les objets frappés.

REMARQUE. — Pour être sûre de ne pas omettre ces exercices d'observation, leur assigner une place dans l'emploi du temps; mais savoir aussi profiter en temps opportun de toutes les circonstances favorables à ces exercices.

Le dessin, le travail manuel, le chant contribuent au développement de l'ouïe, de la vue, du toucher.

CHAPITRE VI

LES RÉCRÉATIONS

Nécessité.

Bien des raisons obligent d'accorder du repos et de la récréation aux enfants : le soin de leur santé, qui doit marcher avant celui de la science... le soin de leurs études, car l'esprit s'épuise et s'émousse par une application continue..... Les jeunes gens, après s'être délassés, se remettent plus gaiement et de meilleur cœur à l'étude. (D'après ROLLIN.)

Surveillance.

Les enfants inventeront assez leurs jeux elles-mêmes ; ne les gênez pas en imposant les vôtres ; une chose qui n'est pas faite avec plaisir ne saurait tenir lieu de récréation. — Permettez aux enfants qui le désirent d'apporter leurs jouets.

Observez vos élèves ; vous noterez en passant bien des remarques qui vous seront utiles dans l'œuvre d'éducation que vous poursuivez. — Et sachant que vous les aimez, que vous les suivez avec intérêt, les enfants seront heureuses de vous voir circuler au milieu d'elles. — Les unes viendront parfois vous faire une caresse; les autres accourront vous choisir pour arbitre dans leurs différends. Soyez toujours juste et aimable.

Il est des cas pourtant où vous devez intervenir plus activement. — Certains jours, les enfants manquent d'entrain et ne savent à quel jeu se décider. Alors, inspirez-les; au besoin, prenez part au jeu, dirigez-le. Êtes-vous embarrassée vous-même pour le choix de ces jeux, consultez les livres : *Jeux des adolescents*, par Belèze (Hachette); *Les Jeux de l'enfance à l'école et dans la famille*, par Auguste Omont (librairie Fouraut).

Parfois, certaines enfants demeurent immobiles dans un coin de la cour. Animez-les, confiez-les au besoin aux élèves qui ont le plus d'entrain au jeu.

N'interdisez pas les récréations bruyantes, mais ne tolérez pas les *cris sauvages*.

Il arrive souvent aux enfants de tomber en jouant; si elles se sont fait des meurtrissures, recourez aux compresses d'arnica. (Avoir toujours un flacon d'arnica dans sa classe.)

Mais ne les rendez pas trop délicates et sensibles. Souvent l'enfant qui n'a aucun mal se met à pleurer dès qu'on paraît s'inquiéter. Aussi, quand vous le jugerez à propos, n'ayez pas l'air de vous préoccuper de leurs chutes.

En été, si vous voyez que les enfants s'échauffent beaucoup, faites cesser les jeux quelques minutes avant la rentrée, afin d'éviter les refroidissements.

Ne tolérez ni couteau, ni crochet, ni aiguille dans les mains des enfants.

Durée des récréations.

Accorder plus de récréations qu'on ne le fait ordinairement. Une récréation d'une demi-heure au milieu de la séance du matin, et une récréation d'une demi-heure au milieu de la séance du soir semblent le minimum nécessaire.

Si le temps est trop mauvais, donner des récréations plus courtes. J'ose à peine recommander, en revanche, d'en accorder de plus longues, pendant la mauvaise saison, les jours de beau soleil, surtout quand ils sont rares.

Remarque. — A chaque institutrice de se rendre compte s'il est préférable d'accorder deux récréations de chacune un quart d'heure, au lieu d'une seule d'une demi-heure, soit dans la section enfantine, soit dans le cours élémentaire qu'elle dirige.

Sorties et rentrées.

Sorties. — A l'heure de la récréation, la maîtresse donne l'ordre de ranger porte-plumes, cahiers, etc., afin qu'il ne reste rien sur les pupitres.

Elle nomme les élèves chargées d'ouvrir les fenêtres.

Puis la maîtresse commence un chant, et lorsqu'il est continué avec ensemble et animation par toute la classe, elle donne un signal : coup de sonnette, ou claquoir. — A ce signal, les élèves continuant à chanter se lèvent et se tiennent debout à leurs places. A un second signal, elles se mettent en rangs. — La maîtresse est devant les rangs, et dirige la sortie. — Elle a soin de commander un arrêt au vestibule où plusieurs élèves sont chargées de distribuer vêtements et goûters. (Le chant n'est pas interrompu.) Puis la marche reprend et on la continue dans la cour jusqu'à la fin du couplet commencé. Alors, à un signal, les élèves ont leur liberté.

Rentrées. — A un signal, les élèves se mettent en

rangs. Même marche en chantant, même arrêt au vestibule.

Rentrées en classes, les élèves, debout à leurs places, continuent le chant jusqu'à un signal donné. (Attendre au moins, pour le donner, la fin du couplet commencé.) A ce moment, les élèves s'asseyent, et la classe recommence.

Remarque. — Avec les jeunes enfants, le chant ne commence à la sortie qu'après l'arrêt au vestibule. Il cesse à la rentrée, à ce même arrêt. Les jeunes enfants ne pourraient pas bien chanter pendant la distribution des vêtements et des paniers.

Ne faire chanter les enfants sur les rangs que si elles peuvent exécuter un morceau avec harmonie.

Rentrée du matin et sortie du soir. — Pas de chant sur les rangs à la première rentrée du matin, ni à la dernière sortie du soir. Le chant de marche est remplacé par un chant recueilli exécuté en classe. (Voir Éducation morale.)

CHAPITRE VII

GYMNASTIQUE

Mieux valent mille fois les jeux que les leçons de gymnastique données dans la plupart de nos Écoles primaires. Les mouvements, qui ne sont pas du tout exécutés d'après les principes, ne contribuent en rien au développement physique des enfants. Si l'on veut donner des leçons de gymnastique, consulter au moins un bon manuel; par exemple, le *Manuel de gymnastique et d'exercices militaires*, publié par le Ministère de l'Instruction publique.

La leçon de gymnastique proprement dite peut être placée avec avantage, au début des récréations du matin. Inutile de donner une leçon tous les jours.

Est-il besoin d'indiquer comment on peut procéder pour commencer avec ordre une leçon de gymnastique? — Les élèves sortent de classe pour aller en récréation. Elles se rendent dans la cour deux à deux, et en chantant.... Les jours où elles ont leçon, elles savent que tout en continuant à chanter dans la cour, elles doivent prendre chacune la place qui leur a été désignée une fois pour toutes au commencement de l'année.

Mais cela doit se faire avec ordre. Par exemple, les dix derniers rangs, je suppose, composés des plus grandes élèves, iront former une première rangée de vingt élèves dans une place indiquée de la cour; — les dix rangs suivants formeront une seconde rangée de vingt élèves placée devant la première rangée; — les dix rangs suivants procéderont de la même façon, etc.

Les élèves continuent à chanter.

Ainsi installées, elles forment un nombre de rangées composées chacune d'un nombre d'élèves différant suivant l'effectif de la classe. Mais toujours on aura les plus grandes au dernier rang, les plus petites en avant.

Lorsque toutes les écolières sont placées (et lorsque l'habitude en est prise, ce mouvement est très rapide), on attend la fin du couplet commencé pour donner le signal qui fait cesser le chant.

Il faut alors mettre entre chaque rangée un espace convenable. — Pour cela, à un signal, la première rangée, celle qui est en avant, fait, je suppose, quinze pas; puis la dernière rangée, dix pas, etc.

On fait ensuite prendre les distances entre chaque élève de toutes les rangées. Pour la manière de faire prendre les distances, consultez le *Manuel de gymnastique*.

Enfin, on fait exécuter les mouvements qui font le sujet de la leçon.

Pendant une leçon, alterner les mouvements de tête avec les mouvements de bras, de jambes. Varier aussi les exercices suivant les saisons : en hiver, choisir spécialement la course, les sauts, par exemple; en été, les mouvements doux et lents.

Pour faire exécuter chaque mouvement, procéder ainsi : l'énoncer, l'expliquer tout en l'exécutant si les élèves ne le connaissent encore pas, puis le faire exécuter. Éviter la fatigue.

Reprendre avec précision les élèves qui ne suivent pas ponctuellement les prescriptions.

Exécuter les mouvements en sens inverse des élèves.

Quelques mouvements peuvent se faire en chantant; je ne sais s'il est prudent de recommander ce double exercice.

Au cours élémentaire, toutes les demi-heures, et dans la section enfantine, tous les quart-d'heures, faire exécuter aux enfants, en classe, pendant quelques minutes, des mouvements de gymnastique qui les reposent de leur travail. (Profiter d'un changement d'exercice.) Pour cela, à un signal donné, toutes les enfants se lèvent et demeurent debout à leurs places. Là, elles exécutent des mouvements, ou des chants accompagnés de gestes. La maîtresse, devant ses élèves, dirige l'exercice. — A un signal, les enfants s'asseyent, et la classe continue.

LIVRE II

ÉDUCATION INTELLECTUELLE

CHAPITRE PREMIER

PRINCIPES GÉNÉRAUX

But de l'éducation intellectuelle.

Donner cette force d'esprit qui saisit les vérités universelles et s'y attache, c'est la plus noble éducation de l'intelligence.

CHANNING.

L'homme est visiblement fait pour penser; c'est toute sa dignité et tout son mérite, et tout son devoir est de penser comme il faut.

PASCAL.

L'instruction a pour but de porter les esprits jusqu'au point où ils sont capables d'atteindre. Elle ne donne ni la mémoire, ni l'imagination, ni l'intelligence; mais elle cultive toutes ces parties en les fortifiant l'une par l'autre.

NICOLE.

La lecture de tous les bons livres est comme une conversation avec les plus honnêtes gens des siècles passés qui en ont été les auteurs, et même une conversation étudiée en laquelle ils ne nous découvrent que le meilleur de leurs pensées.

DESCARTES.

Le gain de notre étude, c'est en être devenu meilleur et plus sage..... Quel dommage si les sciences ne nous apprennent ni à bien penser, ni à bien faire.

MONTAIGNE.

Préparer la jeunesse à la pratique de la vie, tel est encore le but de l'instruction.

Caractère d'une bonne éducation intellectuelle : respect de l'intelligence de l'enfant.

Il faut se contenter de suivre et d'aider la nature.

FÉNELON.

La curiosité des enfants est un penchant de la nature qui va comme au-devant de l'instruction; ne manquez pas d'en profiter.

FÉNELON.

L'institution des enfants est un métier où il faut savoir perdre du temps pour en gagner.

J.-J. ROUSSEAU.

Point d'état passif pour l'élève; avant tout, l'effort personnel.

WICKERSHAM.

Que le maître ne fasse jamais ce que l'élève peut faire de lui-même. C'est l'action qui fortifie les facultés de l'enfant et qui étend son esprit. Évitez de trop dire et d'aider trop fréquemment votre disciple. Un simple avis, une question suggestive valent souvent mieux qu'une assistance directe : ils suscitent le développement personnel, ils éveillent la faculté d'investigation originale.

EDGARD BROOKS.

La vraie manière d'enseigner..... c'est d'inspirer aux enfants le goût et l'amour des études qu'on leur propose, c'est d'exciter par là leur activité et leur application.

LOCKE.

Des hommes auxquels la science est venue, dans leur jeunesse, sous la forme de devoirs répugnants, escortée de menaces et de punitions ; des hommes auxquels on n'a pas donné l'habitude de la libre recherche, n'aimeront probablement jamais l'étude ; tandis que les hommes qui ont acquis la science dans des conditions naturelles, dans le temps voulu, et qui se souviennent des faits qu'elle leur a apportés comme intéressants en eux-mêmes, et comme l'occasion d'une longue suite de succès, pleine de charmes, ces hommes-là continueront toute leur vie à s'instruire d'eux-mêmes comme ils l'ont fait dans leur jeunesse.

H. Spencer.

CHAPITRE II

CLASSEMENT DES ÉLÈVES

Dans toute école maternelle publique, les enfants sont divisés en deux sections, suivant leur âge et le développement de leur intelligence. — Les enfants des deux sexes peuvent y être admis dès l'âge de deux ans révolus jusqu'à l'âge de six ans.

Les classes enfantines forment le degré intermédiaire entre l'école maternelle et l'école primaire. Elles ne peuvent exister que comme annexe d'une école primaire élémentaire ou d'une école maternelle. Les enfants des deux sexes y sont admis depuis l'âge de quatre ans au moins, jusqu'à l'âge de sept ans au plus.

L'école primaire élémentaire est ouverte aux enfants de six ans à treize ans. — Dans les communes qui n'ont ni école maternelle, ni classe enfantine, l'âge d'admission est abaissé à cinq ans. — Dans les communes qui ont une école maternelle publique, les enfants ne peuvent être admis avant l'âge de six ans ; — dans celles qui ont une classe enfantine publique, ils ne peuvent être admis avant l'âge de sept ans.

L'enseignement dans les écoles primaires élémentaires est partagé en trois cours : cours élémentaire, cours moyen, cours supérieur.

La constitution de ces trois cours est obligatoire dans toutes les écoles, quel que soit le nombre des classes et des élèves. La durée des études se divise comme il suit :

Section enfantine : un ou deux ans, suivant que les enfants entrent à six ans ou à cinq ans;

Cours élémentaire : deux ans, de sept à neuf ans;

Cours moyen : deux ans, de neuf à onze ans;

Cours supérieur : deux ans, de onze à treize ans.

Dans les écoles qui n'ont qu'un maître et qu'une classe, il ne pourra être établi aucune division ni dans le cours moyen, ni dans le cours supérieur; il n'en pourra être établi plus de deux pour les enfants au-dessous de neuf ans.

Dans les écoles qui n'ont que deux maîtres, l'un sera chargé du cours moyen et du cours supérieur, l'autre du cours élémentaire, y compris, s'il y a lieu, la section des enfants au-dessous de sept ans.

Dans les écoles qui ont trois maîtres, chaque cours forme une classe distincte.

Dans les écoles à quatre classes, le cours élémentaire comptera deux classes; chacun des deux autres cours, une seule classe.

Dans les écoles à cinq classes, le cours élémentaire comptera deux classes, le cours moyen deux, le cours supérieur une. Dans les écoles à six classes, chacun des trois cours formera deux classes, à moins que le nombre des élèves du cours supérieur ne permette de les réunir en une seule classe. (*Dictionnaire de Législation scolaire*, Jean d'Estournelles de Constant.)

CHAPITRE III

ENSEIGNEMENT ORAL

Principes.

L'enseignement oral, quand il est bien donné, non seulement facilite l'acquisition de notions exactes, mais permet encore aux maîtres de travailler avec efficacité au développement de l'âme des enfants.

L'enseignement oral convient à tous les élèves; avec les plus jeunes enfants, il est même le seul enseignement possible. Mais le fond et la forme en varient, il va sans dire, suivant le développement des élèves auxquels il s'adresse. A l'École maternelle, l'institutrice essaye d'emprunter aux causeries d'une mère de famille, toute leur animation, toute leur familière simplicité, tout en y ajoutant plus d'exactitude ou plus de précision. A l'École primaire, elle peut aborder les leçons proprement dites.

Mais bien qu'un même sujet doive être traité différemment suivant les divers cours, les principes suivants sont communs à toute leçon orale.

Manière de faire une leçon.

Fond. — Enseigner, c'est choisir, a dit Rousseau. — A entendre la plupart des leçons faites à l'École primaire, il faudrait conclure que... fort peu savent bien choisir.

Assurément, c'est difficile, mais non impossible. Laissez donc ces détails qui tombent si vite dans l'oubli ou qui surchargent la mémoire sans aucun profit pour l'esprit. — Ce sont les principes que l'on vous demande.

— Ces principes, ce sont les idées principales de chaque question, c'est l'idée générale qui forme le lien entre ces questions. Vous savez bien que ce sont les principes qui vivifient une âme. Vous savez bien aussi que ce ne sont que les principes qui constitueront une base solide à toute culture intellectuelle postérieure.

Vous vous plaignez de l'étendue des programmes des écoles primaires!... Mais un bon choix des idées principales en permettrait l'étude sans surmenage ni pour le maître ni pour les élèves.

Mais, direz-vous, est-il possible de faire comprendre les principes aux enfants? Notre enseignement doit être élémentaire. — Eh! oui, élémentaire; mais élément est-ce mièvrerie? Élément, c'est principe. Choisissez dans les principes ceux qui correspondent au développement de vos élèves, puis revêtez-les d'une forme qui vous permette de les faire arriver à leur intelligence.

J'entendais un jour faire une leçon sur les *nuages* au cours élémentaire. On disait le nom des nuages : cumulus, cirrus, etc. Et de leur rôle, on ne rappelait que ce que les enfants en savaient déjà. Donc, profit de la leçon : acquisition des noms des nuages, si toutefois les enfants les avaient retenus! Point de vie pendant cette leçon.

J'ai entendu la même leçon traitée différemment. Plus de noms; mais à l'aide d'une expérience simple, on avait essayé de faire comprendre la formation des nuages. Il n'y avait pas beaucoup d'ordre dans cette leçon, mais quelle vie!..... « Mais la mer va se vider! » disaient les enfants, etc. De là, explications, puis nouvelles réflexions... L'esprit des élèves vivait.

Dans l'enseignement le plus élémentaire, il faut être respectueux de la vérité. La suppression de certains détails, une forme familière mal choisie donnée à l'expression, sont des causes d'erreurs. Par exemple, on ne rend pas exactement la pensée si pour parler d'hommes aux mœurs rudes, on dit : ces hommes étaient *méchants*.

Plan. — Pour chaque leçon, formez un plan d'ensemble où vous classerez d'abord les idées principales. Commencez par l'idée la plus familière aux élèves, ou par la plus facile à présenter à leur esprit, puis continuez en graduant les difficultés ; mais de manière que toutes les idées principales découlent naturellement les unes des autres.

Préparez ensuite un plan de détail pour le développement de chacune de ces idées principales. Ce travail préparatoire permettra d'éviter les hésitations, les redites, l'insuffisance des explications données au cours d'une leçon. — Vous avez, par exemple, établi les principaux paragraphes d'une première leçon sur l'adjectif qualificatif. Le premier paragraphe comprend, je suppose : *Définition de l'adjectif qualificatif*. — Eh bien ! préparez, dans le détail, ce premier paragraphe. Donnerez-vous, par exemple, la définition d'abord, puis l'explication à l'aide d'exemples ensuite ? Ou inversement : l'exemple, l'explication, la définition ? Et pour quels motifs ?

Puis, par quelle transition passerez-vous de la première idée de détail à la deuxième ?

Plus vous soignerez la préparation de vos plans, plus vous aurez ensuite vos auditeurs attentifs.

L'enfant ne sachant pas découvrir seul l'enchaînement des idées, ne manquez pas au moment même où vous faites votre leçon d'en bien mettre le plan en relief par des transitions heureusement ménagées entre chaque idée principale. Ces jalons placés au cours d'une question en facilitent la compréhension et le souvenir.

Forme. — La forme donnée à une leçon doit la rendre *claire* et *intéressante*.

a) — Conditions nécessaires a la clarté d'une leçon. — *Langage familier aux enfants.* L'emploi d'un langage familier aux enfants est une condition nécessaire à la clarté d'une leçon. Familier ne veut dire ni inexact, ni incorrect, ni mièvre. Le langage familier est net, précis, tout en étant formé de mots dont la signification est connue des enfants. Est-ce parler un langage plus compréhensible que de dire, après chaque phrase abstraite d'une leçon, et sur un ton chantant : « C'est bien joli, n'est-ce pas, mes petites filles ? — ou : Vous comprenez bien ? »... Ou encore, ainsi que je l'entendais dans une leçon sur les crayons : « Pour faire un crayon, on prend ce *petit* bois, cette *petite* plombagine,... etc. »

Cependant il faut étendre le vocabulaire des enfants, leur apprendre de nouvelles expressions ? — Oui, mais pour cela on donne d'abord les explications nécessaires en se servant de leurs termes à eux, puis l'expression nouvelle ensuite. Par exemple, on veut se servir pour la première fois du mot *ondée* : « J'ai été surprise par une ondée, etc. » On dira : « J'ai été surprise par une pluie abondante qui a duré peu de temps..... une ondée.... »

Mais ce ne serait pas parler un langage familier que de dire : « J'ai été surprise *par ce qu'on appelle* une ondée. »

Tout cela demande encore une préparation.

Quelques expressions exigent d'amples explications ; si l'on craint alors une trop longue diversion, mieux vaut attendre des occasions plus favorables pour se servir de ces nouveaux mots.

Surveiller l'emploi de certaines expressions toutes faites auxquelles se heurtent les enfants et qui facilement se glissent dans notre langage : « *A la tête* de ces armées, était tel chef.... — La *maison*... d'Autriche, etc. »

Faits d'observations. — *Comparaisons.* — Si nous pouvions *montrer* tous les objets que nous décrivons, tous les phénomènes que nous expliquons, que de discours nous éviterions et que nous serions mieux compris !

Faisons voir ! Faisons voir !

Si nous n'avons pas les objets eux-mêmes, montrons-en l'image exacte. Si le phénomène ne se passe pas sous nos yeux, remplaçons-le par l'expérience. « Mais ne substituez jamais le signe à la chose signifiée que quand il vous est impossible de la montrer, car le signe absorbe l'attention de l'enfant, et lui fait oublier la chose représentée. » Rousseau.

Il ne faut pas vouloir *faire voir* à tout prix, même au détriment de la vérité. — Montrer, par exemple, une gravure représentant une falaise, pour donner l'idée d'une grève, et cela parce que quelques morceaux de rochers détachés gisent au pied de la falaise, c'est donner une idée inexacte de la grève.

REMARQUE. — Si une expérience ne peut être bien vue par toutes les élèves, les faire rapprocher avec ordre.

Si l'image à montrer est grande, la placer bien en vue ;

si elle est petite, l'expliquer sommairement d'abord, puis la faire circuler dans les tables où, à tour de rôle, les enfants l'examinent en silence. Puis la maîtresse placée devant sa classe, donne les explications complémentaires nécessaires.

La comparaison aide à la clarté des explications. — Vous voulez parler du lièvre : vous n'avez ni lièvre, ni gravure, comparez-le au lapin que les enfants connaissent. Mais pas de comparaisons inutiles : dans une leçon sur le chat, par exemple, dire que le chat est à peu près gros comme le lapin, c'est tout au moins superflu... Les enfants connaissent l'un aussi bien que l'autre.

Justifier ce que l'on avance. — On retient plus facilement les expressions, les idées que l'on a pu justifier. Par conséquent, ne pas manquer de le faire toutes les fois que cela est possible.

Moyen pratique. — Écrire au tableau noir, les mots nouveaux d'une leçon; tracer à mesure que l'on parle un tableau des principales idées quand il y a lieu, une classification, par exemple.

Plan. — Rappelons qu'un bon plan général et un bon plan de détail sont nécessaires à la clarté d'une leçon.

Dans l'étude des poils absorbants de la racine une institutrice procédait ainsi : « Vous voyez ces poils !.... Savez-vous comment on les appelle ?.... On les appelle poils absorbants; — savez-vous pourquoi ?.... » Eh ! non; on va ainsi de devinette en devinette au grand détriment de l'attention, de l'intelligence. Il fallait : faire remarquer les poils de la racine; rappeler l'expérience prouvant leur fonction; donner leur nom en le justifiant.

b) — Conditions nécessaires pour rendre une leçon intéressante. — Une leçon très claire est déjà par cela même intéressante. Mais la clarté ne suffirait encore pas à fixer l'attention et à éveiller la curiosité des enfants.

Ton. — Le ton sur lequel un maître parle contribue beaucoup à lasser ou à soutenir l'attention.

Il ne faut pas parler lentement, ni trop vite. Pas haut, mais distinctement.

Avoir un ton incisif, et le varier suivant la valeur des idées émises.

Éviter l'emploi répété d'un même mot, manie qui est pour les enfants un sujet de distraction.

Les gestes doivent être naturels. Éviter particulièrement les grands gestes ou la tenue nonchalante.

Interrogations. — Les interrogations permettent de soutenir l'attention des élèves, et, en particulier, des élèves distraites. Elles sont, de plus, un excellent moyen de faire servir une leçon non seulement à l'acquisition de nouvelles connaissances, mais encore au développement de l'esprit lui-même.

Certaines interrogations s'adressent à la mémoire surtout, d'autres surtout au jugement, au raisonnement.

Interrogations s'adressant à la mémoire. — Dans une leçon, donner aux enfants le plaisir de dire ce qu'elles savent, au lieu de le leur répéter soi-même.

Poser aux plus avancées les questions les plus difficiles.

Redire la réponse de l'élève pour la rendre plus précise et la faire entendre à toute la classe.

Si les enfants ne savent pas la réponse demandée, ne pas l'attendre indéfiniment; ne pas précipiter non plus les interrogations d'une élève à l'autre.

Aider une enfant qui esquisse une réponse pour arriver à la lui faire rendre d'une façon satisfaisante.

Interrogations s'adressant au jugement. — On peut, au courant d'une leçon, demander aux enfants de prononcer un jugement sur un acte, une personne..... Évidemment, il ne faut leur demander que des jugements de leur âge.

Après une série d'exemples, d'expériences, leur faire formuler à elles-mêmes, la définition, la règle, la loi...... La réponse est d'abord incomplète sans doute, mais on la précise peu à peu.

On veut, par exemple, donner la définition d'une fraction : *Une fraction est une ou plusieurs parties de l'unité divisée en un nombre quelconque de parties égales.*

On a découpé, je suppose, une pomme en huitièmes. On fait remarquer que les morceaux sont égaux. « On prend un morceau..... une partie..... une *fraction* »..... (termes à peu près équivalents)..... Puis, on prend « trois morceaux ; trois parties..... des morceaux, des parties..... une *fraction* de la pomme ».

On procède de même avec une pomme découpée en cinquièmes.

Puis on demande : qu'est-ce qu'une fraction ? — Les élèves répondront peut-être : *une fraction est une partie de pomme.* — Faire alors remarquer qu'on aurait pu partager des poires, des crayons, des longueurs, etc., et *rappeler* le mot *unité* que les enfants connaissent. Donc, qu'est-ce qu'une fraction ? — C'est *une partie de l'unité.*

— Une partie seulement ? Nous en avons quelquefois pris plusieurs. — *Une fraction est une ou plusieurs parties de l'unité.*

— Faire remarquer, que dans les exemples précédents, ces unités étaient divisées en parties *égales.*

— *Une fraction est une ou plusieurs parties de l'unité divisée en parties égales.*

— Mais en combien de parties ? cinq, huit, etc.....

— *Une fraction est une ou plusieurs parties de l'unité divisée en un nombre quelconque de parties égales.*

— Mais à toutes ces questions, il faut une allure vive.

Remarque. — Ce n'est pas interroger que de commencer un mot et de le faire finir par les élèves. — Elle aug ?...mente. C'est de la va ?...peur.

Provoquer l'étonnement. — Les procédés précédents renferment implicitement tous les moyens nécessaires pour provoquer chez l'enfant la réflexion personnelle et aussi l'étonnement.

Mais là encore pas de mièvrerie. Faut-il dire : « Vous allez voir comme c'est joli !... » Non, ou tout au moins, cela ne suffit pas. — Rendez-vous bien compte vous-mêmes de ce qui est vraiment étonnant pour le bas âge, et vous trouverez alors les moyens de le faire saisir aux enfants.

Moyen pratique. — Parler plus lentement au moment où l'on énonce une idée importante.

Parfois, poser une question à laquelle les élèves, on le sait, ne peuvent répondre; laisser un instant les esprits en suspens, puis quand on voit l'intérêt excité, donner la réponse. — L'impression produite ainsi est souvent vive et durable.

Lectures. — Quand on le peut, faire à l'appui de la leçon une lecture qui s'y rapporte, une lecture à la fois claire et intéressante.

Remarques disciplinaires. — Dans toute interrogation, dire la question d'abord, le nom de l'élève qui doit répondre, ensuite.

Si la réponse à trouver est difficile, on peut faire des interrogations collectives et non individuelles.

Interroger les élèves distraites, timides. On se laisse souvent aller au plaisir de causer uniquement avec les enfants à l'esprit éveillé.

Ne pas être sévère, à moins de preuves d'étourderie, d'inattention, pour des réponses inexactes. De la réponse la plus fausse, on peut toujours partir pour arriver à la vérité.

Lorsqu'une réponse renferme une erreur, la faire redresser par une autre élève quand on le juge à propos.

Inutile que les enfants se lèvent pour répondre aux questions posées pendant une leçon. Mais exiger la politesse dans leurs réponses et dans la manière de faire part de leurs réflexions. Leur demander, en particulier, de parler distinctement afin d'être entendues par toute la classe.

Éviter avec soin les longues digressions souvent provoquées par les réflexions des élèves.

Pour favoriser l'attention, exiger, avant de commencer une leçon, l'ordre sur les pupitres, la disparition de tout objet de distraction, le silence, le calme.

Note. — Immédiatement après la leçon, en faire faire le résumé oral collectif, puis individuel.

Pour cela se servir du résumé du livre des élèves ou d'un résumé rédigé par la maîtresse. (S'il est possible, écrire ce résumé au tableau noir avant la classe.)

Consulter le développement que chaque question à préparer comporte dans le manuel des élèves.

CHAPITRE IV

PROCÉDÉS POUVANT SERVIR A L'ENSEIGNEMENT DES DIFFÉRENTES MATIÈRES DU PROGRAMME

LES PROGRAMMES

Pour la connaissance des programmes et de leur répartition, consulter : *Organisation pédagogique* et *Législation des Écoles primaires*, par Compayré ; — ou bien : *Les Nouveaux programmes des Écoles primaires*, par Brouard et Defodon (Hachette).

Depuis l'édition première des programmes, quelques modifications y ont été apportées : obligation de l'enseignement de l'agriculture, nouvelle répartition des leçons d'histoire... Se tenir au courant par la lecture du *Bulletin départemental*.

Les programmes et leur répartition doivent, on le sait, être interprétés dans un esprit large.

ENSEIGNEMENT DE LA LECTURE

SECTION ENFANTINE

Principes généraux.

L'enseignement de la lecture pouvant être donné de manière à ne pas occasionner de fatigue chez les enfants, il convient de le commencer de bonne heure, car dès que les élèves savent lire, leurs progrès intellectuels deviennent plus rapides.

Appellation. — Adopter la nouvelle appellation, beaucoup plus avantageuse que l'ancienne.

Dire par exemple : be, de... en appuyant le plus légèrement possible sur le e — et ne pas dire bé, dé.

Épellation. — « Il ne faut décomposer aucun son (voyelle ou articulation) qui par nature est simple et indécomposable pour l'oreille ; ainsi les voyelles nasales, an, in, œu, eau, etc. ; ainsi encore, ph, ch, gn, ill, qui sont des articulations simples quoiqu'elles s'écrivent par plusieurs lettres.

Nous croyons qu'en dehors de là, il y a toujours avantage à pousser la décomposition aussi loin que possible, c'est-à-dire jusqu'aux éléments simples et irréductibles............ Par exemple, l'enfant devra dire bonjour, mais il devra avoir appris dans les exercices précédents, à dire : be-on, bon ; je-our, jour ; et même il ne devra avoir été amené à dire our qu'après avoir étudié isolément : ou-re, oure, et en élidant l'e muet final, our. »

CARRÉ (*Pédagogie*).

Groupement des consonnes et des sons. — Consonnes :

m n r v t b d l j p f c s k q g h x z

vr-tr-br-dr-fr-pr-cr-gr — bl-cl-fl-pl-gl —
qu-gu — gn — ch-ph — sp-st —

Sons :

a â — e é — i-o-u-y

an-am — en-em
in-im-aim-ain-ein
on-om — un-um
ou — oi — eu-œu — cau-au
ai-ei — et-es-er

Matériel nécessaire à l'enseignement de la lecture.

Lettres mobiles. — On trouve des lettres mobiles dans des casiers tout préparés. Par exemple, le *Casier Thollois*, N° 1 *bis* — 060 lettres et chiffres — (24 francs, DELAGRAVE).

Vous n'avez pas de casier ? Voici un moyen d'y remédier.

Détachez dans des affiches à gros caractères, dans des titres de journaux, etc., les lettres, les syllabes formant les consonnes, les sons énumérés plus haut, puis les chiffres. — Collez chacun de ces caractères sur des carrés de carton. — Rangez ces cartons dans des boîtes. — Ou plutôt, formez un casier de la manière suivante : prenez une planche assez grande, tapissez-la de papier ; puis, à égale distance les uns des autres, plantez-y à demi autant de clous que vous avez de sortes de sons, de consonnes et de chiffres. — A chaque carton, vous aviez passé un fil formant boucle. — Accrochez au moyen de ces boucles, dans l'ordre alphabétique, les mêmes caractères au même clou, et vous avez un casier.

Découpez même les plus grands de ces caractères autour et à l'intérieur, de manière à n'avoir plus que les lignes qui les forment.

Cubes. — Quelques institutrices collent des caractères sur des cubes de bois, et forment ainsi une série de jeux de patience, aussi amusants pour les enfants que bien d'autres jeux de patience. (Se procurer des cubes de bois dans les librairies ou chez les menuisiers.)

Lattes. — Avoir des lattes pour faire former quelques lettres telles que :

A N M B T E.

On vend dans les librairies des boîtes de lattes grises à très bon marché.

Vous n'avez pas de lattes ? Demandez aux enfants de vous procurer du jonc, par exemple ; divisez chacune des baguettes en tiges d'égale longueur (former des séries de longueurs différentes) ; puis fendez chaque tige par le milieu afin qu'elles ne roulent pas sur les pupitres, et vous aurez des lattes.

Étude d'une lettre.

« Nous laissons de côté la syllabe inintelligible, morte, et nous prenons pour base le langage. »

Mme KERGOMARD.

Nous voulons, par exemple, faire connaître la lettre *a*.

Arrivons à faire dire aux enfants, la phrase suivante : *J'aime ma sœur*.

De cette phrase, détachons le mot *ma*. — Faisons-le répéter aux enfants : *ma* ; — puis faisons-le décomposer : *me — a, ma* ; mais en prononçant très légèrement et vite *me* — qui seul n'a pas de son : *me — a, ma*. —

Dans le mot *ma*, considérons le son *a* seulement. — *a* — le faire répéter. (Méthode de Mme Kergomard, *L'Éducation maternelle à l'École*.)

Ensuite, faisons voir l'*image* de *a*. — Montrons un *a* sur un carton, un A en lattes. — Traçons un *a* au tableau, en tournant avec la craie autour d'un *a* découpé sur carton.

REMARQUE. — Montrer et écrire d'abord A puis *𝒜* ensuite *a* enfin a.

EXERCICES. — Faire des exercices destinés à fixer le son *a*, la lettre *a* dans l'esprit des enfants. — Par exemple, faire trouver les *a* dans une série de lettres écrites au tableau noir : a e i a o a r *𝒜* ..... ou dans un tableau de lecture.

Faire chercher des mots autres que *ma* où se trouve le son *a* ; exemple : *tas* (cet exercice est purement oral).

Donner aux enfants des cartons, des cubes, dans lesquels se trouvent des *a* mélangés à d'autres lettres, et leur demander de mettre les *a* à part.

Écriture. — Enseigner simultanément la lecture et l'écriture.

Par exemple, après la leçon de lecture précédente, faire faire aux plus jeunes la lettre *a* en lattes : A.

Puis faire tracer au crayon, sur papier ou sur ardoise, un *a* autour d'une lettre découpée, si on en possède un nombre suffisant. — Enfin faire écrire aux plus grandes un *a* sur l'ardoise, ou sur le papier avec un crayon.

(Un modèle de l'exercice à faire, lettre de lattes sur une table inclinée, ou lettre tracée à la craie au tableau noir, est bien en vue des élèves.

Ordre à suivre dans l'étude des lettres. — Consulter le tableau du groupement des lettres indiqué au commencement de ce chapitre.

Puisque l'écriture et la lecture marchent de front, consulter aussi le groupement des lettres dans le chapitre : *Écriture*, afin de faire commencer les exercices écrits par les lettres les plus simples : i u, etc. ; et même le i devra se faire d'abord droit i, puis avec le délié *i*.

Étude d'une syllabe.

Principe. — L'étude des syllabes doit se faire au fur et à mesure que les enfants apprennent les voyelles et les consonnes, et non après l'étude complète de toutes les lettres.

Procédé. — Pour l'étude d'une syllabe suivre le même procédé que pour l'étude d'une lettre; mais avoir soin de faire lire et écrire le son d'abord, puis la consonne ensuite.

EXEMPLE : Soit à faire l'étude de la syllabe *ma*. — Faire détacher *ma* du mot *maman*, puis la lettre *a* de la syllabe *ma* — et faire dire : *me — a, ma*. — Rappeler ensuite *l'image* de la lettre *a* que l'on écrit ou que l'on fait écrire, puis de la lettre *m* qu'on écrit d'autre part, et l'on a :

m a.

Rapprocher le *m* du *a*; on a enfin : *ma* ou ma.

Étude de mots, de phrases.

Toujours même procédé, ou tout au moins même principe. À l'institutrice de trouver des variantes dans leur application, afin d'éviter la monotonie.

Quelquefois, par exemple, le mot ou la phrase à lire sont écrits d'avance au tableau noir, et on demande aux enfants de les déchiffrer. Si elles réussissent, c'est un petit succès qui les encourage.

REMARQUE. — Écrire avec une craie de couleur différente les lettres qui, dans les mots, ne se prononcent pas. — Dans *tas*, écrire le *s* avec de la craie rouge, par exemple. On pourrait encore écrire le *s* avec de la craie blanche aussi, mais en appuyant moins que pour le reste du mot.

Nombre d'exercices de lecture dans la section enfantine.

On peut faire deux exercices de lecture par jour dans la section enfantine : un le matin, un le soir. Mais chacun de ces exercices doit être court.

COURS ÉLÉMENTAIRE

Principes.

Théoriquement, les enfants du cours élémentaire savent au moins syllaber. On peut donc les faire lire dans des livres dont les caractères sont gros, et dont les syllabes de chaque mot sont détachées, du moins dans les premières pages.

Dans les leçons de lecture, au début de l'année surtout, faire encore détacher chaque syllabe, ce qui est favorable à la bonne articulation des mots, à l'acquisition de l'orthographe, et ce qui permet aux retardataires de faire des progrès en lecture sans former une division à part dans la classe.

Choix du livre de lecture.

Choisir des livres dont les histoires soient courtes, morales, exprimées dans un langage familier aux enfants, et écrites en gros caractères, du moins au commencement du livre.

Laisser les chapitres qui traitent de sciences ; ce sont généralement de sèches énumérations.

Liste de livres de lecture courante. — *Premier livre encyclopédique*, par Georges et Troncet (les syllabes sont détachées dans les premières pages).

Année enfantine de lecture courante, par Guyau.

Année préparatoire de lecture courante, par Guyau.

Premières... et deuxièmes lectures, par Mme Marie Robert Halt.

Petit livre de lecture, en prose et en vers, par F. Pecaut.

Maman et petite Jeanne, par Mme Murique.

Les livres de lecture, de Mme Clarisse Juranville.

Les livres de lecture, de Rocherolles.

Les livres de lecture, publiés sous la direction de M. Cazes :

Cours préparatoire : premier livre de lecture ;
— deuxième livre de lecture.

Cours élémentaire.

Les enfants ne peuvent acheter qu'un livre; mais la variété dans les livres de lecture étant excellente, solliciter la générosité de l'administration municipale.

Préparation de la leçon de lecture.

Cette préparation comporte :
Le choix de la grosseur des caractères;
Le choix d'un sujet répondant s'il est possible aux circonstances actuelles de la vie des enfants;
La détermination de la longueur de la lecture : huit à dix lignes au maximum;
L'examen des explications nécessaires à l'intelligence du texte.

Manière de donner une leçon de lecture.

Lecture du morceau par la maîtresse. — Cette lecture est faite en vue d'exciter l'intérêt des élèves. Si le chapitre n'est point trop long, le lire même en entier; dans le cas contraire, le résumer. La leçon ne comportant que la lecture d'une dizaine de lignes, cet exercice préliminaire présente de plus l'avantage de supprimer, chez les enfants, la tentation de lire la suite pendant la leçon.

Explication brève du passage à lire. — Donner ensuite les explications nécessaires à l'intelligence du morceau, car les élèves ne pourront bien lire que si elles comprennent. Mais ne donner que les explications strictement nécessaires, car c'est d'une leçon de lecture qu'il s'agit, ne l'oublions pas, et non d'une leçon de morale, d'histoire, etc.

Lecture syllabée. — *Lecture syllabée par la maîtresse et par les élèves réunies.* — La maîtresse, placée devant sa classe, dirige la lecture. — Tout en surveillant les élèves, elle lit avec elles, plus haut qu'elles, une ou deux phrases, selon qu'elle le juge à propos. La mauvaise prononciation de bien des mots est ainsi évitée.

Lecture syllabée collective, par les élèves sans la maîtresse. — A une deuxième lecture de ces mêmes phrases, les élèves seules lisent, mais encore ensemble. — La maîtresse saisit ainsi quelques fautes qu'elle explique à toute la classe en se servant, s'il y a lieu, du tableau noir pour rendre ses explications plus claires.

Lettre syllabée individuelle. — Cette lecture est faite par les enfants qui ne savent que syllaber. Une seule élève relit le passage déjà lu par toute la classe, puis une autre le relit encore et l'on fait ainsi lire individuellement le plus grand nombre d'élèves possible.

REMARQUES. — Procéder de même pour chacune des parties de la lecture. — Lorsque la deuxième partie est sue, la réunir à la première, et ainsi de suite.

Si on le juge à propos, ne faire la lecture syllabée *individuelle* que lorsque la lecture syllabée collective des dix lignes qui font l'objet de la leçon, est achevée.

Dans ces lectures syllabées, bien détacher chaque syllabe, et éviter le ton élevé.

A l'institutrice d'être vigilante et d'augmenter, s'il y a lieu, la longueur de chaque lecture partielle pour éviter la répétition de mémoire des phrases à relire.

J'ai dit que la maîtresse est placée devant ses élèves; elle doit cependant, à un moment donné, parcourir les tables pour s'assurer mieux encore que les enfants suivent bien.

Lecture expressive. — Avec une division contenant des élèves de force différente, il faut, dans la même leçon, faire suivre la lecture syllabée de la lecture expressive.

C'est la lecture syllabée qui l'emporte, si la plupart.

des enfants savent médiocrement lire. C'est la lecture expressive, au contraire, qui est la partie importante de la leçon, si la majorité des élèves savent bien syllaber.

A la fin de l'année, la leçon peut ne comprendre que la lecture expressive.

Même marche à suivre pour la lecture expressive que pour la lecture syllabée.

Remarque. — Consulter le paragraphe : *Corrections de la lecture*, au chapitre suivant.

Nombre des leçons de lecture.

Au cours élémentaire, une leçon de lecture par jour est nécessaire.

Exercices pouvant suivre la leçon de lecture.

Faire fermer les livres, et demander aux enfants l'orthographe d'un des mots lus à la leçon, le résumé de la lecture.

Prendre quelquefois, dans la lecture, le texte de la dictée suivante.

Dans les classes à nombreuses divisions, où les copies rendent service, faire copier parfois le passage lu.

COURS MOYEN ET COURS SUPÉRIEUR

Choix du livre.

Les livres de lecture ne contenant qu'un seul récit suivi ne permettent que difficilement le choix des lectures appropriées aux circonstances de la vie des élèves.

Il est préférable de choisir des livres composés de

sujets courts et variés : récits moraux, narrations, descriptions, etc.

Liste de livres de lecture courante :

La première année de lecture courante, par Guyau.

Les livres de lecture, publiés sous la direction de M. Cazes (cours moyen, cours supérieur).

Lectures courantes, par Jost et Cahen : première série, deuxième série.

Pour nos filles, par Lebaigue : cours élémentaire, cours moyen.

Écoliers et Écolières, par Mme Marie Robert Halt.

Les livres de lecture, de Mme Clarisse Juranville.

Au cours moyen et au cours supérieur comme au cours élémentaire, la variété des livres de lecture est excellente.

Choix de la lecture.

S'il est possible, faire choix d'un sujet répondant à une circonstance de la vie des élèves.

Parmi les chapitres traitant des différentes branches d'enseignement, laisser ceux qui ne sont pas des développements intéressants d'un point spécial.

Longueur de la lecture : quinze à vingt lignes au maximum.

Manière de donner la leçon de lecture.

Les élèves sachant lire couramment, plus de lecture syllabée.

Lecture et explication du morceau par la maîtresse. — Se reporter à ce qui a été dit à ce sujet pour le cours élémentaire.

Lecture expressive collective par les élèves. — Avec des élèves de cours moyen, surtout au début de l'année, la lecture expressive collective est avantageuse. Elle permet des observations collectives dont chaque élève profitera dans sa lecture ndividuelle.

Au cours supérieur, supprimer cette lecture collective.

Lecture expressive individuelle. — Puis le plus grand nombre possible d'élèves lisent ensuite séparément une partie du morceau.

Corrections de la lecture. — Les observations doivent porter sur les incorrections, les fautes d'intonation et les défauts de prononciation.

Incorrections. — Relever les mots mal prononcés pour les corriger; au besoin, les expliquer au tableau noir.

Intonation. — Voici, entre autres, quelques moyens de relever les fautes d'intonation : relire la phrase lue par l'élève, en exagérant sa faute, afin de la lui faire mieux sentir, puis bien lire cette phrase ; ou bien se contenter de la relire sur le ton convenable, avec explications ; ou bien la faire relire par une meilleure élève ; ou encore faire fermer le livre à l'enfant et lui faire redire dans son langage à elle, sur le ton de la conversation, l'idée qu'elle vient de lire ; lui faire apprécier la différence des deux tons.

Défauts de prononciation. — Relever et corriger autant qu'on le peut les défauts individuels de prononciation.

Moment auquel il faut faire les observations. — Ne pas arrêter l'enfant au moment même où elle fait une faute, car elle aurait à peine le temps de s'en rendre compte ainsi que ses compagnes, et puis cela morcellerait trop la lecture.

Ne pas attendre trop, la faute serait oubliée.

En général, résumer les observations à la fin d'une longue phrase, d'un court paragraphe.

Nombre d'exercices de lecture.

De ces exercices, faits uniquement dans le but d'apprendre à lire, il en faut un ou deux par semaine. Ce nombre, d'ailleurs, doit varier avec la force des élèves.

Exercices pouvant suivre la lecture.

Demander l'orthographe de quelques mots rencontrés dans la lecture, le résumé oral du passage lu. Quelquefois, choisir la lecture comme texte d'une dictée, d'un exercice grammatical.

ENSEIGNEMENT DE L'ÉCRITURE

Il est avantageux d'avoir une écriture nette, et s'il est possible, élégante.

Obliger les enfants à soigner l'écriture dans tous leurs devoirs.

PRINCIPES D'ÉCRITURE CURSIVE

Tenue du corps, du cahier, du porte-plume.

Les principes de la tenue du corps, du cahier, du porte-plume sont détaillés sur chaque couverture des *Cahiers préparés d'écriture sans modèles gravés*, de la librairie Colin.

Groupement méthodique des lettres.

Groupe de l'*i*, comprenant *i-u-t*.
Groupe de l'*n*, comprenant *n-m-r* (à la fin des mots) *v-p*.
Groupe de l'*o*, comprenant *o-a-c-e-q-d-x*.
Groupe de l'*l*, comprenant *l-b-h-k-j-g-y-f*.
Les lettres *r-s-z* ne font partie d'aucun groupe.

Corps d'écriture. — Hauteur des lettres.

CAHIERS A. COLIN.

On appelle corps d'écriture, l'intervalle compris

— 71 —

entre les deux lignes *A* et *B*; *A* est la ligne supérieure; *B* est la ligne inférieure.

Les lettres : *i-u-n-m-v-o-a-c-e-x-r-s* ont un corps d'écriture.

La lettre *t* a un corps et demi.

La lettre *d* a deux corps.

Les lettres *p-q-g-l-h-b-j-y-k-z* ont deux corps et demi.

La lettre *f* a quatre corps.

Distances entre les lettres. — Distances entre les mots.

Sans donner, pour les distances entre les lettres et entre les mots, des règles fixes qu'il est généralement impossible d'appliquer, et à plus forte raison de faire appliquer, apprendre aux enfants à établir entre les lettres et entre les mots une distance favorable à la netteté et à l'élégance de l'ensemble de l'écriture.

COURS MOYEN

Choix des cahiers d'écriture.

Des cahiers spéciaux sont nécessaires pour les pages d'écriture, car dans les cahiers journaliers ordinaires, il est difficile de faire bien disposer par les enfants la hauteur de l'écriture et l'espace entre les lignes; et dans une classe nombreuse, il est impossible à l'institutrice de faire elle-même cette préparation.

Parmi les cahiers spéciaux d'écriture, quelques-uns renferment des modèles gravés. Il faut les écarter : les modèles ne sont pas toujours ceux que l'on choisirait soi-même, et puis, étant données les absences inévitables des enfants, on arriverait à avoir dans une leçon autant de modèles d'écriture différents qu'il y a d'élèves, ce qui mettrait dans l'impossibilité de donner des explications collectives précises.

Choisir les *Cahiers préparés d'écriture sans modèles gravés*, de la librairie A. Colin.

La collection est de cinq cahiers différant entre eux par la hauteur du corps de l'écriture.

La série des cinq cahiers est à parcourir. Aux institutrices de se rendre compte du temps à consacrer à chaque numéro.

Choix du modèle d'écriture.

Choisir une pensée morale, une maxime. (Voir plus loin un choix de modèles d'écriture.)

Comme il est nécessaire aussi d'apprendre à bien former les chiffres, en ajouter un à chaque modèle.

Dans toute leçon d'écriture, attirer spécialement l'attention des enfants sur une lettre.

L'ordre à suivre dans l'étude de ces lettres est le même que l'ordre établi dans le *groupement méthodique des lettres.*

Après les minuscules, apprendre les majuscules. — La lettre à étudier doit se trouver dans le modèle d'écriture du jour.

REMARQUE. — On peut, si on le juge à propos, étudier la même lettre à plusieurs leçons de suite; mais on change le modèle.

Autant que possible, choisir un modèle d'écriture ne renfermant pas une lettre d'exécution difficile dont l'étude spéciale n'a pas encore été faite.

Manière de donner une leçon d'écriture.

Le modèle d'écriture est écrit au tableau noir avant la classe, en assez gros caractères pour que toutes les élèves le distinguent nettement. — Il est entre deux lignes très droites tracées à la craie. Des lignes pointillées déterminent les grandeurs des lettres qui ont plus d'un corps d'écriture.

La lettre que l'on doit étudier précède le modèle. Ne pas oublier d'ajouter un chiffre.

La page d'écriture comprend une première ligne dans laquelle l'élève n'écrit que la lettre étudiée particulièrement à la leçon; puis d'autres lignes dans lesquelles, elle écrit le modèle suivi du chiffre.

Si une ligne ne suffit pas à contenir le modèle, l'achever sur la ligne suivante. (Avec les enfants, cette recommandation n'est pas inutile.)

Explications préliminaires. — Lire le modèle, puis en donner l'explication *sommaire*, car les enfants ne doivent rien écrire qu'elles ne comprennent.

Indiquer ensuite la manière d'exécuter la lettre qui fait le sujet de la leçon du jour. Pour cela, déterminer au tableau noir de larges corps d'écriture et procéder de la façon suivante :

Soit à étudier par exemple la lettre m. Tout en traçant au tableau, dire aux enfants qu'il ne faut pas faire les différentes parties de la lettre à des hauteurs inégales :

m

mais que tous les jambages doivent, au contraire, aboutir sur les deux lignes du corps d'écriture :

m

Les déliés et les courbes ne doivent pas être faits ainsi :

m   m

Le délié part du milieu du corps d'écriture et la courbe supérieure est prononcée :

m

Puis on efface tous les essais précédents pour ne laisser au tableau que cette dernière lettre.

Dire ensuite la manière de faire la majuscule et rappeler quelques conseils généraux : pente de l'écriture, hauteur des lettres, etc.

Distribution des cahiers. — Distribuer les cahiers ou les faire prendre dans les pupitres. Si les enfants avaient leurs cahiers pendant les explications préliminaires, il serait plus difficile d'obtenir leur attention.

Tenue. — Les cahiers ouverts, l'institutrice placée devant ses élèves, exige la bonne tenue du corps, du cahier, du porte-plume, tenue qu'elle a longuement expliquée à la rentrée, une fois pour toutes, et qu'elle ne fait que rappeler ou exiger. (Voir les Cahiers A. Colin.)

Pour plus de précision, elle tient elle-même très bien un porte-plume à la main.

Puis elle donne l'ordre de commencer les pages.

Correction de la page d'écriture. — La correction la plus profitable est celle qui se fait pendant la leçon même.

Correction individuelle. — Aussitôt la page commencée, l'institutrice circule entre les tables et procède à la correction individuelle. Elle contrôle particulièrement la lettre sur laquelle elle a appelé l'attention, sans oublier cependant les lettres précédemment étudiées ; elle essaye de saisir le défaut principal de l'écriture de chaque écolière.

Pour faire les corrections, elle se sert d'encre rouge ou bleue ; elle n'écrit pas dans les lignes, mais dans les marges, dans les interlignes, sur la lettre mal faite elle-même quand c'est possible.

Par exemple, elle arrondit ainsi la courbe supérieure d'un m :

m

Sur chaque page, les corrections doivent être en petit nombre et nettement faites.

Correction collective. — Il est impossible, dans une classe nombreuse, de faire beaucoup de corrections individuelles précises. Mais tout en passant rapidement auprès de plusieurs élèves, l'institutrice peut saisir les fautes communes à presque toutes les pages, et en faire la correction collective.

Pour faire cette correction, elle revient devant sa classe et, à un signal, fait placer les porte-plumes sur les pupitres, réclame l'attention, et corrige au tableau noir, en procédant comme il a été dit plus haut. (Voir explications préliminaires.)

Puis elle fait reprendre la bonne tenue, et les élèves continuent leur page.

REMARQUES. — 1° Ne pas interrompre fréquemment la page d'écriture pour faire des corrections collectives. 2° Malgré un travail égal, les pages d'écriture seront terminées à des intervalles différents. — Demander aux élèves qui devancent les autres, d'écrire sur un cahier brouillon la majuscule ou la lettre qu'elles ont le plus mal faite, ou encore la lettre qui a été spécialement étudiée.

COURS SUPÉRIEUR

Étudier les trois sortes d'écriture : cursive, ronde, bâtarde.

Les procédés d'enseignement sont les mêmes qu'au cours moyen.

MODÈLES D'ÉCRITURE

COURS MOYEN ET COURS SUPÉRIEUR

A

Attendre est pour juger la règle la meilleure.
Aime la vérité.
Aimez qu'on vous conseille et non pas qu'on vous loue.
Aimez vos compagnes, elles vous aimeront.
A cœur vaillant, rien d'impossible.
Avant de rien tenter, mesure bien tes forces.
A chaque affaire son moment.
A chaque jour suffit sa peine.
Aimez à louer le mérite.

B

Bienveillance.
Beaucoup de bien, peu de bruit.
Bien faire et laisser dire.
Bonté vaut mieux que beauté.

Bannis la haine de ton cœur.
Bon cœur fait bon caractère.
Brave la moquerie quand tu agis en conscience.

C

Compte sur toi.
C'est toujours le plus sot qui ne doute de rien.
Cause peu, écoute beaucoup.
Combats tes défauts avec vaillance.
C'est n'être bon à rien que n'être bon qu'à soi.
Ce que tu veux faire, ose le dire.
C'est un plus grand mal de faire une injure que d'en recevoir.
Celui qui n'avance pas, recule.
Ce n'est pas obéir qu'obéir lentement.
Celui qui ne travaille pas est tout prêt à mal faire.
Ce que trois savent, tous le savent.

D

Délibère lentement, exécute rapidement.
Défiez-vous des flatteurs.
Désirer le bien ne suffit pas.
Détruire inutilement est mal.
Dévouez-vous sans rien attendre.

E

Évite le mal.
Entretiens-toi avec ton âme, puis tiens-toi en paix.
En ce monde, il se faut l'un l'autre secourir.
En toutes choses, il faut s'appliquer à être juste.
Évitez les mauvaises compagnies.

F

Fais ce que dois, advienne que pourra.

Faire son devoir et laisser dire.
Fréquente les meilleurs de la société.
Favorisez les bonnes actions.

G

Gardez-vous, dans la mesure de vos forces, du mal moral.
Garde-toi de juger les gens sur la mine.
Générosité.

H

Honorez la vieillesse.
Haut les cœurs!
Hâte-toi de faire le bien : la vie est courte.
Honte aux paresseux.
Honneur aux mains calleuses.
Humilie-toi devant l'idéal.

I

Il ne suffit pas de bien parler, il faut bien agir.
Il faut être sévère avec soi-même.
Il n'est point de noblesse où manque la vertu.
Il n'y a pas de grandeur d'âme à se venger.
Il faut écrire les injures sur le sable, et les bienfaits sur le marbre.

J

Jeanne d'Arc.
Justice et charité.
Juger témérairement est mal.
Joie durable vient de bonne conscience.
Jalousie et envie empoisonnent la vie.

L

Le devoir avant tout.

Les livres sont à l'âme ce que la nourriture est au corps.

L'homme vraiment vertueux l'est partout et avec tous.

L'estime de soi-même est la première condition du bonheur.

La vengeance la plus noble, c'est le pardon.

Le vrai pardon d'une injure, c'est l'oubli.

Le langage de la conscience est la voix de Dieu.

La modestie rehausse une bonne action.

La colère est une folie momentanée ; on doit la maîtriser.

Le vrai bonheur est celui que l'on goûte à faire le bien.

M

Mauvais accommodement vaut mieux que bon procès.

Mesurez vos paroles.

Mentir est mal.

Même lorsqu'il peut tout, c'est au crime à trembler.

N

Ne sois prompt ni à te faire des amis, ni à quitter ceux que tu as.

Ne gaspillez pas le temps, c'est l'étoffe dont la vie est faite.

Ne tenez pas pour vrai tout ce que vous entendez dire.

Ne vous fiez pas à tous étourdiment.

Ne ferme pas les yeux avant d'avoir examiné chaque action de ta journée.

Ne promets pas deux fois un service que tu peux rendre tout de suite.

O

On peut témoigner à tous de la bonté.
On ne croit jamais un menteur même quand il dit la vérité.
Obéis promptement.
Oublie les injures.

P

Parle peu, écoute beaucoup.
Plus fait douceur que violence.
Protège le plus faible.
Plains ceux qui souffrent.
Pierre qui roule n'amasse pas mousse.

Q

Qui parle longtemps parle trop sans doute.
Quand tu es seul, songe à tes défauts ; quand tu es en compagnie, oublie ceux des autres.
Qui fait le bien ne redoute personne.
Que le malheureux trouve en toi un ami empressé.

R

Réglons nos actions d'après le devoir.
Rendez le bien pour le mal.
Raccommodez les gens qui se brouillent.
Réforme ton caractère.
Recherche le bien en tout et partout.
Reconnaissance.

S

Soyez bons, on vous aimera.

Songez à vos propres défauts avant de condamner les autres.

Soyez ce que vous voulez faire devenir autrui.

Savoir se taire à propos est une grande sagesse.

T

Tout homme de courage est homme de parole.
Tiens tes promesses.
Taire la vérité, c'est enfouir de l'or.
Toujours, soyez bons.
Travaille résolument à embellir ton âme.

U

Un flatteur est plus dangereux qu'un ennemi.
Un pas hors du devoir peut nous mener bien loin.
Une bonne conscience vaut mille épées.
Une place pour chaque chose, chaque chose à sa place.
Un bon conseil n'a pas de prix.

V

Vouloir énergiquement le bien.
Vivre en égoïste est mal.
Voulez-le, ne le voulez pas, l'éternité vous attend.
Vivez pour le bon, le beau, le bien.

COURS ÉLÉMENTAIRE

Consulter les procédés indiqués au cours moyen.

Conseils spéciaux. — Les élèves les moins avancées ne faisant pas de majuscules, la première lettre du modèle d'écriture doit être une minuscule. Au-dessus de cette minuscule, écrire la majuscule pour les plus grandes :

J
je veux m'appliquer. 5.

Les plus jeunes écrivent avec un crayon sur le cahier d'écriture, puis avec un porte-plume dès que leur main s'affermit.

Préciser, une fois pour toutes, à chaque section, le nombre de lignes à écrire pendant la leçon : le tiers, la moitié, ou toutes les lignes de la page.

Une leçon d'écriture par jour.

MODÈLES D'ÉCRITURE

A

Aimez vos parents.
Aimez vos frères et sœurs.
Aimez vos compagnes.
Aidons-nous les uns les autres.

B

Bonté vaut mieux que beauté.
Bon cœur fait bon caractère.
Babillage empêche travail.
Bouder est mal.
Bienveillance.

C

Ce que tu veux faire, ose le dire.

Ce n'est pas obéir, qu'obéir lentement.
Cause peu, écoute beaucoup.
Caressez vos compagnes dans la peine.
Corrigez-vous de vos défauts.

D

Détruire inutilement est mal.
Détruire les nids est mal.
Donnez avec plaisir.
Dites toujours la vérité.

E

Évite le mal..., le mensonge..., etc.
Écoutez bien les leçons.
Enfants, soyez obéissantes.
Écoutez les bons conseils.
Exactitude.

F

Famille.
Faites bien votre travail.
Fuyez le mensonge.
Faute avouée est à moitié réparée.
Fais le bien, évite le mal.

G

Gardez-vous de la paresse..., du mensonge..., etc.

H

Honorez la vieillesse.
Honte aux paresseuses..., aux méchantes..., etc.

I

Il faut être bon..., propre..., etc.

Imitez les bonnes écolières.
Il ne faut pas se moquer des autres.

J

Jeanne d'Arc.
Je veux être franche..., travailleuse..., etc.
Joue de tout cœur en récréation.

L

Le devoir avant tout.
La vanité est un vilain défaut.
Le travail rend joyeux.
La bonne écolière est exacte.

M

Mangez délicatement.
Mentir est très mal.
Mettez chaque chose à sa place.

N

Ne remettez pas à demain.
Ne mentez jamais.
Ne soyez pas babillarde..., ingrate..., etc.
Ne vous querellez jamais.
Ne maltraitez pas les animaux.
Ne cachez rien à vos parents.
Ne vous mettez pas en colère.

O

On ne croit jamais un menteur.
Obéissez promptement.
Oubliez les querelles.

P

Propreté donne vigueur et santé.
Pour faire des progrès, soyez exacte..., attentive..., etc.
Plains ceux qui sont malheureux.

Q

Qui veut trop n'a rien.
Que toujours, vous soyez polies..., douces..., etc.

R

Reconnaissance.
Réjouissez-vous du bonheur des autres.
Rendez les objets trouvés.

S

Soyez douces..., obéissantes..., etc.
Soyez bonnes, on vous aimera.
Sans travail, pas de progrès.
Se vanter est mal.

T

Tiens tes promesses.
Toujours, soyez franches..., etc.
Travaillez avec plaisir.

U

Une bonne conscience rend heureux.
Unissez-vous pour faire le bien.
Un menteur n'est jamais écouté.

V

Venez en classe exactement.
Vouloir toujours le bien.

SECTION ENFANTINE

Se reporter aux procédés d'enseignement simultané de la lecture et de l'écriture.

Voir aussi les conseils donnés pour le cours élémentaire.

REMARQUE. — Autant qu'on le peut, supprimer l'ardoise qui alourdit la main, et faire écrire avec le crayon sur du papier dont la réglure donne une hauteur moyenne pour le corps de l'écriture.

GRAMMAIRE

Est-il utile de rappeler que l'étude de la grammaire est nécessaire à l'acquisition de l'orthographe, et qu'elle aide à bien parler, bien écrire et bien comprendre la langue.

COURS MOYEN ET COURS SUPÉRIEUR

Conseils généraux.

Sujets des leçons. — Étudier les différents mots du discours et les principales règles de syntaxe se rapportant à chacun d'eux.

Détailler plus ou moins, suivant la force des élèves auxquelles on s'adresse.

Faire une leçon ou deux sur la formation des mots au cours supérieur, et même à certains cours moyens.

Forme. — *a)* Dans l'enseignement de la grammaire, comme dans les autres, faire réfléchir, raisonner les enfants.

Préciser tout particulièrement la définition de chacun des mots du discours.

« Dans toutes les langues, on retrouve en nombre à peu près égal, ce qu'on appelle les parties du discours. Dans toutes, on trouve des noms, des adjectifs, des verbes, et par une raison bien simple, c'est que dans tous les pays du monde il y a des êtres animés ou inanimés, que ces êtres ont des qualités, qu'ils passent par certains états, qu'ils agissent ou subissent certaines actions. Ces êtres, il faut bien les nommer; ces qualités, il faut bien les faire connaître; ces états, ces actions, il faut bien les exprimer.

Nom, verbe, attribut, voilà la trinité constitutive des langues, et c'est la nature elle-même qui l'impose. Au-dessous, se rangent un certain nombre de parties que l'on pourrait appeler auxiliaires ou secondaires, car elles ne sont pas absolument indispensables à l'expression de la pensée, sous sa forme unique qui est le jugement. Mais pour désigner plus sûrement les êtres, pour mieux les distinguer les uns des autres, on a été amené à créer des articles définis ou indéfinis, des adjectifs déterminatifs ou autres; pour éviter la répétition fastidieuse et encombrante des noms, on a inventé les pronoms; pour préciser les manières diverses dont s'accomplissent les actions, on a fait des adverbes de tout genre; pour marquer les rapports des idées et des propositions entre elles, on a imaginé les prépositions et les conjonctions. Comme ces besoins se sont fait partout sentir, puisqu'ils découlent de la nature elle-même, partout ils ont produit les mêmes effets et donné naissance aux mêmes espèces de mots. »

Vessiot (*L'Enseignement à l'École.*)

b) Dans chaque leçon, bien dégager les idées principales.

Par exemple, dans l'étude du changement des noms masculins en noms féminins, la règle générale à mettre en relief est celle-ci : pour former le féminin dans les noms, on ajoute un *e* muet au nom masculin. — Dans certains mots, il est vrai, avant d'ajouter l'*e* muet, on double la dernière lettre ou bien on la modifie; ex. :

muet, muette; receveur, receveuse. Mais faire remarquer que toujours on ajoute l'*e* muet.

Les règles de la formation du *pluriel* dans les noms composés se ramènent à la règle générale du nombre dans les autres mots. Pour le prouver, il suffit de reconstituer chaque nom composé avec tous les mots qu'il devrait comporter sans les modifications subies. Ex : un *arc dans le ciel* s'écrirait au pluriel : des *arcs dans le ciel*. On écrit de même des *arcs-en-ciel*.

Autre exemple choisi dans l'étude des temps secondaires du passé du mode indicatif.

Diviser ces temps en deux groupes : l'un, comprenant le *passé défini* et le *passé indéfini*, qui indiquent tous deux une action passée sans rapport avec aucune autre action passée; l'autre, comprenant *l'imparfait*, le *passé antérieur*, le *plus-que-parfait*, qui indiquent tous au contraire une action passée relative à une autre action passée.

Puis faire différencier les temps de chacun de ces groupes : dans l'*imparfait*, l'action *était inachevée* quand une autre action, passée aussi, commençait : Je *brodais* quand vous êtes entrée. Dans le *passé antérieur*, l'action *venait de s'achever* au moment où une autre action, passée aussi, commençait : Lorsque *j'eus fini*, vous entrâtes. Dans le *plus-que-parfait*, l'action *était déjà achevée* au moment où une autre action, passée aussi, commençait : *J'avais fini* quand vous êtes entré.

Étudier de même la nuance qui existe entre le passé défini et le passé indéfini.

Établir nettement la différence entre le *temps* en général, et le *temps dans les verbes*; entre la *personne* en général, et la *personne* dans les *pronoms* et dans les *verbes*.

Conseils particuliers sur la manière de faire une leçon de grammaire.

Faire toujours déduire une définition, une règle, de l'observation d'un exemple. — Pour cela, la maîtresse écrit elle-même au tableau noir l'exemple dans lequel elle souligne les mots qu'elle veut faire observer ; elle en fait analyser ou le rôle ou l'orthographe, puis elle fait trouver aux élèves elles-mêmes la définition ou la règle.

Toutes les fois que cela est possible, justifier la définition, ou la règle donnée.

Exemple. — Soit à étudier la définition du pronom.

Écrire par exemple au tableau noir : *Marie est partie, Marie est allée à la campagne, Marie reviendra demain.*

Faire remarquer que, pour éviter la répétition, on remplacerait dans le langage habituel le mot *Marie* par *elle*. (Tracer à la craie un trait sur les mots *Marie*, sauf sur le premier, et écrire *elle*, au-dessus de ces mots barrés.) Puis faire chercher le nom général sous lequel on peut désigner tous les mots qui servent à remplacer les noms ; justifier les expressions : pour le nom ; pour-nom.... pronom, et conclure :

Le pronom est un mot qui sert à remplacer le nom.

On procéderait de même pour l'étude d'une règle de grammaire.

REMARQUE. — Ne donner qu'*un seul* exemple *très net* à observer pour faire déduire l'énoncé de la définition, de la règle.

La règle, la définition étant données, faire trouver une série d'exemples aux élèves afin de s'assurer qu'elles ont compris ; mais ne pas écrire ces exemples au tableau noir, car ce serait prolonger trop l'exercice, et le prolonger au détriment de la vivacité d'esprit.

Revisions.

Les analyses sont des revisions de grammaire.

Sous forme de revisions, on peut encore étudier un même mot jouant des rôles différents dans diverses phrases :

Par exemple : *a*, verbe ; *à* préposition ;

ce, adjectif démonstratif ; *ce* pronom démonstratif, et aussi *se*, pronom personnel ;

leur, adjectif possessif ; *leur*, pronom personnel ;

même, quelque, tout, adjectif ou adverbe ;

nul, adjectif qualificatif, adjectif indéfini, pronom indéfini ;

que, pronom relatif, pronom indéfini, conjonction, adverbe.

Nombre de leçons de grammaire.

Donner au moins une leçon de grammaire par semaine au cours moyen et au cours supérieur.

Exercices grammaticaux.

Faire souvent des exercices *oraux de conjugaison*, pour lesquels il est bon de suivre l'ordre suivant : exercices sur des verbes réguliers, puis exercices sur des verbes irréguliers de la même conjugaison. — Faire parfois accompagner de *compléments* les verbes conjugués.

Joindre à chaque leçon de grammaire donnée à apprendre aux enfants un exercice de conjugaison orale à préparer.

Donner quelquefois un exercice de conjugaison écrit sous la forme suivante : Conjuguer par exemple le verbe *courir* au futur en joignant à chaque personne un complément différent. — Mais il va sans dire que nous ne revenons pas aux interminables verbes à conjuguer tout au long.

Faire parfois construire oralement des phrases dans lesquelles les élèves s'appliqueront à respecter les règles relatives à la concordance des temps du subjonctif avec les temps de l'indicatif.

Voir plus loin les chapitres : *Analyses* et *Orthographe*.

PLANS

Plans sur les définitions des adjectifs.

NOTE. — Plusieurs leçons sur les différentes sortes d'adjectifs sont nécessaires.

Mais le premier paragraphe du plan à suivre pour chacun d'eux doit comprendre *la définition de cet adjectif*.

Pour donner cette définition, on peut procéder de la façon suivante :

I. — Définition de l'adjectif en général.

a) **Exemple.** — Écrire un exemple au tableau noir : toute une phrase et non seulement un nom et un adjectif.

Donnez le papier jaune.

b) **Faire observer le rôle que remplit le mot jaune dans la phrase.** — *Jaune* n'est pas un *nom*. Dire pourquoi.

Puis placer des papiers de différentes couleurs sur la table et faire saisir la différence de précision entre ces deux phrases :

Donnez le papier, et *donnez le papier jaune.*

Faire remarquer en particulier que le mot *jaune* ajoute une idée spéciale au sens général du mot papier qui est un nom.

Les mots bleu, carré,..... auraient également fait comprendre ce nom, l'auraient précisé,..... classé,..... *déterminé*...

c) **Conclusion.** — Ces mots ajoutés au nom s'appellent *adjectifs*.

L'adjectif est un mot qui sert à déterminer le nom.

d) **Exercices pratiques.** — Faire trouver des adjectifs soit dans des phrases données par la maîtresse, soit dans des phrases formées par les élèves.

II. — Définition de l'adjectif qualificatif.

a) **Exemple.** — Écrire au tableau :
Les élèves obéissantes font plaisir à leurs maîtresses.

b) **Observer le mot obéissantes.** — 1° Comme plus haut, observer le rôle du mot obéissantes et en conclure qu'il est adjectif.

2° *Rôle particulier de cet adjectif.* — Faire remarquer que cet adjectif, qui détermine le nom *élève*, exprime une *qualité*.

c) **Conclusion.** — Faire trouver le mot *qualificatif*, qui sert à classer les adjectifs qui expriment une qualité et préciser la *définition* de ces adjectifs.

d) **Principaux adjectifs qualificatifs.** — 1° Adjectifs exprimant les qualités proprement dites (Les mauvaises qualités comme les bonnes).

2° Adjectifs exprimant la couleur.

3° Adjectifs exprimant la forme.

Comme toujours, partir d'exemples pour établir ce classement.

c) **Exercices pratiques.** — Faire trouver des adjectifs qualificatifs aux élèves.

III. — Définition de l'adjectif possessif.

EXEMPLE : *Mon chapeau va bien.*

Même plan que précédemment. Mais dans le sous-paragraphe *b*, intitulé : *Observer le mot... mon*, suivre l'ordre suivant :

1° *mon* est un adjectif ;
2° *mon* n'est pas un adjectif qualificatif ;
3° Rôle particulier de cet adjectif.

IV. — Conclusion.

Même plan pour les autres adjectifs.

Terminer ces leçons en énumérant les principales sortes d'adjectifs, ce que l'on a bien eu soin de ne pas faire au début des leçons sur l'adjectif.

PLAN SUR L'ADVERBE

I. — Définition de l'adverbe.

a) **L'adverbe modifie un verbe.** — 1° *Exemple.* — Écrire : *Marie chante, Marie chante bien.*

2° *Observer le mot bien.*

Faire saisir la différence de précision entre ces deux phrases : *Marie chante* et *Marie chante bien.*

Montrer en particulier que le mot *bien* complète, précise, *modifie...* le sens du mot *chante* qui est un verbe.

3° *Conclusion.* — Les mots qui modifient ainsi un

verbe ne sont pas des *compléments* (faire constater la différence).

Ce ne sont pas des *adjectifs* (l'adjectif modifie, détermine le nom).

Donner le terme nouveau *adverbe* en le justifiant. — Préciser la *définition* de l'adverbe.

4° *Exercices pratiques*. — Faire trouver des adverbes modifiant un verbe.

b) **L'adverbe modifie un adjectif.** — Même plan.

c) **L'adverbe modifie un autre adverbe.** — Même plan.

d) **Conclusion générale.** — Donner la définition complète de l'adverbe.

II. — Principales sortes d'adverbes.

a) **Adverbes de lieu.** — 1° *Exemple.* — *Apportez le livre ici.*

2° *Observer le mot ici* : le mot *ici* est un adverbe; — il modifie le verbe en exprimant l'idée particulière de *lieu.*

3° *Conclusion.* — *Ici* est un adverbe de *lieu.*

4° *Exercices pratiques.* — Faire trouver des adverbes de lieu : ailleurs, alentour, dessus, dessous, en, là, loin, y, etc.

b) **Adverbes de temps.** — Alors, autrefois, aujourd'hui, etc.

Même plan que précédemment; mais dans le deuxième sous-paragraphe, intitulé : *Observer le mot*, adopter l'ordre suivant : 1° le mot considéré est un adverbe; 2° ce n'est pas un adverbe de lieu; 3° étudier le rôle particulier de cet adverbe.

c) **Adverbes d'intensité ou de quantité.** — Plus, guère, moins, très, etc.

Même plan.

d) **Adverbes de manière.** — Bien, mal, mieux, etc...
Même plan.

e) **Adverbes d'affirmation ou de négation.** — Assurément, certainement, ne pas, etc...
Même plan.

f) **Adverbes d'interrogation et d'exclamation.** — Combien, comment, pourquoi, etc...
Même plan.

g) **Conclusion générale.** — Résumer les principales sortes d'adverbes.

III. — L'adverbe est un mot invariable.

a) *Exemple.* — *Ce chant est bien exécuté, Ces chants sont bien exécutés.*
b) Faire remarquer que le mot *bien* n'a pas varié.
c) *Conclusion.* — L'adverbe est un mot invariable.

REMARQUE. — Dans une leçon sur l'adjectif, par exemple, ce paragraphe serait intitulé : *Genre et nombre*.

IV. — Emploi de l'adverbe.

Remarque particulière. — A l'aide d'exemples, faire remarquer que, au lieu de plus bon, on dit meilleur ; au lieu de plus mauvais, pire, et souvent au lieu de plus petit, moindre.

V. — Locution adverbiale.

a) **Définition.** — *Exemple.* — *Causer à propos.*
Faire observer les mots *à propos* : ils jouent le rôle d'un adverbe.
Conclusion. — Donner le nom : *locution adverbiale*.

b) **Exercices pratiques.** — Faire trouver des locutions adverbiales.

Causeries de Pédagogie pratique. 7

COURS ÉLÉMENTAIRE

Principes.

Sujets des leçons. — 1° Dans les dernières divisions du cours élémentaire n'étudier que le nom, l'adjectif en général, puis le verbe, et enfin le pronom en général.

2° Dans les premières divisions on peut étudier tous les mots du discours et dans l'ordre habituel; mais avec moins de détails qu'au cours moyen.

Enseignement. — Consulter les procédés indiqués pour le cours moyen.

Conseils spéciaux. — Surtout dans les dernières divisions du cours élémentaire, ne pas donner une leçon de grammaire chaque semaine; mais combiner les leçons et les exercices de la manière suivante :

Au début de l'année par exemple, à l'heure déterminée par l'emploi du temps, faire une première leçon de grammaire sur le nom en général.

Faire suivre cette leçon d'exercices pratiques même à l'heure désignée pour la leçon et pendant plusieurs semaines s'il le faut, jusqu'à ce que les devoirs soient satisfaisants.

Alors, seulement alors, faire une nouvelle leçon sur le nom commun par exemple, leçon qui sera suivie également d'exercices pratiques aussi nombreux que les progrès des élèves l'exigeront.

A mesure que l'on avance, les exercices sont plus compliqués.

(Pour la manière de faire ces exercices, se reporter au chapitre Orthographe.)

PLAN : PREMIÈRES LEÇONS SUR LE NOM

I. — Le nom sert à nommer les personnes.

a) **Nécessité du nom.** — La maîtresse s'exprime ainsi : « Je suppose que plusieurs élèves sont dans la cour et que je dise à celles qui sont en classe : allez appeler l'élève qui a une robe brune, un tablier rouge, des cheveux blonds, etc. (Faire un portrait aussi exact que possible.) Qui appelleriez-vous ? — *Jeanne*, diraient je suppose les enfants. »

b) **Faire observer le rôle du mot : Jeanne.** — Il eût été plus simple, plus rapide, de se servir du nom de l'élève et de dire : allez appeler Jeanne.

Les petites filles, les parents, toutes les *personnes* ont un *nom* qui sert à les appeler, à les *désigner*.

c) **Conclusion.** — Les mots qui servent à appeler, à désigner les personnes sont des *noms*.

d) **Exercices pratiques.** — Faire trouver des noms de personnes soit isolément, soit dans des phrases formées par la maîtresse ou par les élèves.

II. — Le nom sert à nommer les animaux.

Même plan.

III. — Le nom sert à nommer les choses.

Même plan.

IV. — Définition générale.

Le nom est un mot qui sert à appeler, à désigner les personnes, les animaux, les choses.

LEÇONS SUR LE VERBE

I. — Le verbe est un mot qui exprime l'action.

a) **Exemple.** — Écrire au tableau : *Les élèves jouent dans la cour.*

b) **Faire observer le mot : jouent.** — 1° Prouver que ce mot n'est ni le *nom* ni l'*adjectif* précédemment étudiés.

2° Faire comprendre qu'il exprime une action faite par les élèves.

3° *Conclusion.* — Tous les mots qui expriment *l'action* sont désignés sous le nom de *verbes*.

4° *Exercices pratiques.* — Faire trouver aux élèves des verbes exprimant l'action.

5° A l'aide d'exemples, faire remarquer que le verbe exprime l'action chez les personnes, les animaux ou les choses.

II. — Le verbe est un mot qui permet d'exprimer ce que l'on est, soit d'une façon passagère, soit d'une façon continue.

a) *Nécessité de ce rôle du verbe.* — Écrire au tableau : *Marie, grande.*

Faire comprendre la nécessité du mot *est*.

b) Donner une série d'exemples analogues au précédent.

c) De ces exemples, déduire le nouveau rôle du verbe.

d) *Exercices pratiques.*

III. — Le verbe est un mot qui exprime l'existence.

Même plan que dans le § I.

IV. — Conclusion générale.

Résumer le rôle du verbe; mais n'en pas faire donner une définition précise.

SECTION ENFANTINE

Mieux vaut ne pas enseigner de grammaire dans la section enfantine. Cependant, si l'on juge quelques leçons nécessaires pour les élèves les plus avancées, s'inspirer des conseils donnés pour le cours élémentaire.

ANALYSES

COURS MOYEN ET COURS SUPÉRIEUR

ANALYSE LOGIQUE

Principes. — L'analyse logique est nécessaire à l'application des règles de grammaire.

Dans un ordre plus élevé, elle est utile à l'analyse d'une pensée, à la parfaite intelligence de la langue. Pas de bonnes lectures expliquées, pas de bonnes lectures en général, sans une bonne analyse logique.

Bien dirigée, l'analyse logique n'est point trop difficile pour des élèves de cours moyen, à plus forte raison pour des élèves de cours supérieur.

Manière de faire les exercices d'analyse logique.

Tout exercice d'analyse logique exige au préalable des explications préliminaires. Par exemple, des exercices sur la recherche du sujet, du verbe, de l'attribut, doivent être précédés de leçons sur les trois termes d'une proposition.

N'aborder une nouvelle difficulté que si les applications pratiques de la leçon précédente sont satisfaisantes.

Les analyses logiques se font souvent oralement et quelquefois par écrit. Dans ce dernier cas, faire simplement transcrire sur les cahiers la phrase écrite au tableau noir; les élèves marqueront d'un signe convenu les diverses propositions et les termes de chacune d'elles.

La maîtresse circule entre les tables pour vérifier le travail de chaque élève.

Le devoir achevé, elle procède à la correction collective. Tout en expliquant, elle fait dans la phrase écrite au tableau noir les signes convenus. Les enfants corrigent ensuite sur leurs cahiers.

PLANS DE LEÇONS SUR L'ANALYSE LOGIQUE

PREMIÈRE LEÇON

I. — Jugement.

a) **Définition.** — 1° *Exemple.* — Écrire au tableau : *Marie est propre* (choisir ici le nom d'une élève qui mérite un tel jugement). Rappeler sommairement en quoi consiste la propreté et montrer que Marie a cette qualité.

2° *Conclusion.* — Comparer le jugement prononcé sur Marie avec celui que prononce un *juge* sur un accusé dont il a étudié le cas.

Généraliser l'expression *jugement* et terminer en faisant préciser aux élèves, non pas la définition du jugement, si elles sont peu avancées, mais ce que l'on fait quand on fait un jugement.

b) **Exercices pratiques.** — Faire énoncer des jugements favorables ou défavorables sur des personnes, des animaux ou des choses.

c) **Importance du jugement.** — Montrer la nécessité de bien réfléchir avant de porter un jugement.

II. — Proposition.

a) **Définition.** — Faire comprendre que le jugement est une pensée; que cette pensée, on peut la formuler, la faire connaître — et qu'en l'énonçant, il est sous-entendu que l'on n'*impose* pas son jugement, mais qu'on le *propose* — et arriver à cette conclusion :

Un jugement que l'on dit ou que l'on écrit s'appelle *proposition*.

Remarque. — Dans le langage courant, on emploie souvent le mot *jugement* pour le mot *proposition*.

b) **Exercices pratiques.** — Faire trouver des propositions.

LEÇONS SUR LES TROIS TERMES D'UNE PROPOSITION

I. — Sujet.

a) **Nécessité.** — Écrire au tableau noir : .....*est propre*.

De l'examen de cet exemple et d'une série d'autres donnés à la suite, conclure que dans une proposition il faut toujours énoncer le nom de la personne, de l'animal, de la chose que l'on juge.

b) **Définition.** — Faire trouver aux enfants le terme général *sujet*, en leur rappelant ces expressions du langage courant : *mauvais sujet, bon sujet*.

Faire trouver des sujets dans des propositions données soit par la maîtresse, soit par les élèves.

c) **Principaux sujets.** — 1° *Nature du sujet*. — A l'aide d'exemples, montrer que les sujets peuvent être des personnes, des animaux ou des choses.

2° *Nature du mot représentant le sujet.* En partant d'exemples, enseigner que le mot représentant le sujet peut être un nom, un pronom ou un infinitif.

3° *Nombre de sujets.* — Une proposition peut renfermer un ou plusieurs sujets. (Ne pas employer l'expression *sujet composé.*)

4° *Exercices pratiques.* — Faire trouver des sujets.

Avoir soin de ne pas placer toujours le sujet au commencement de la phrase.

d) **Moyen mécanique de reconnaître les sujets.** — Dans une série d'exercices, apprendre aux élèves à formuler les questions : *qui est-ce qui?...* et *qu'est-ce qui?* pour reconnaître le sujet.

II. — Attribut.

Même plan. Expliquer et justifier le mot attribut.

III. — Verbe.

Même plan.

IV. — Conclusion générale.

a) Faire déduire de l'étude précédente que trois sortes de mots.. trois *termes* sont nécessaires dans une proposition.

b) Verbes attributifs. — Écrire au tableau : *Marie travaille.*

Faire remarquer que cette phrase renferme un jugement, et un jugement complet, et que cependant la proposition n'est formée que de deux mots.

Considérer le verbe *travailler*, qui n'est point le verbe *être* comme dans toutes les propositions précédentes, et qui équivaut au verbe être et à l'attribut; puis faire trouver l'expresssion : *verbe attributif.*

(Ne pas faire décomposer le verbe attributif; dans

l'exemple précédent, par exemple, ne pas faire dire *est travaillant*.)

Faire trouver des propositions renfermant des verbes attributifs.

c) *Propositions elliptiques*. — En suivant le plan précédent, expliquer les propositions elliptiques, sans en donner le nom, du moins au cours moyen.

Conseils généraux.

Suivre un plan analogue pour les *compléments* du sujet, de l'attribut. (Ne pas employer les expressions *complexe* et *incomplexe*.)

Même genre de plan encore pour les principales sortes de propositions.

Ne traiter que de la *proposition indépendante*, de la *proposition principale*, de la *proposition subordonnée*.

Surtout au cours moyen, ne pas faire différencier, par des dénominations différentes, les diverses propositions subordonnées, mais faire saisir, quand il y a lieu, leur importance respective.

Expliquer et justifier l'expression *analyse logique*.

ANALYSE GRAMMATICALE

L'analyse grammaticale est un des moyens de reviser la grammaire.

Dans chaque exercice, insister surtout sur les règles, les définitions étudiées aux précédentes leçons de grammaire.

Manière de faire l'exercice.

L'analyse logique d'une phrase doit en précéder l'analyse grammaticale.

Exercice oral.

Parfois, ne faire analyser que quelques mots désignés d'une phrase, et non pas toujours tous les mots les uns à la suite des autres.

D'autres fois, grouper les mots à analyser et demander aux élèves de trouver par exemple tous les *noms* contenus dans une phrase, puis tous les *verbes*, etc.

Exercice écrit. — Alterner les exercices oraux et les exercices écrits.

Pour ces derniers, on peut procéder comme il suit :

Écrire une phrase au tableau noir et souligner les mots à analyser.

Puis donner quelques explications préliminaires si on le juge à propos.

Les élèves transcrivent ensuite sur leurs cahiers journaliers la phrase tout entière qu'elles font suivre de l'analyse des mots désignés.

La maîtresse circule entre les tables pour vérifier le travail, puis procède à la correction collective. Pour faire cette correction, elle écrit au tableau noir, tout en expliquant, l'analyse de chaque mot.

La correction orale terminée, interroger les élèves, puis faire faire au crayon les corrections sur les cahiers; mais si les devoirs sont très peu satisfaisants, faire copier entièrement l'analyse qui est écrite au tableau.

Les analyses dans l'emploi du temps.

Bien qu'un certain nombre d'analyses se fassent au cours des exercices d'orthographe, leur assigner encore une demi-heure spéciale dans l'emploi du temps.

COURS ÉLÉMENTAIRE

Analyse logique.

On peut faire faire l'analyse logique des trois termes d'une proposition, dans les premières divisions du cours élémentaire.

Analyse grammaticale.

Dans les analyses grammaticales, suivre le cours de grammaire.

Les exercices d'analyse sont uniquement oraux.

ORTHOGRAPHE

Principes généraux.

L'orthographe comprend l'orthographe d'usage et l'orthographe de règles. — Souhaitons que l'une et l'autre deviennent plus simples.

L'application raisonnée d'une règle de grammaire dans les exercices d'orthographe exige au préalable l'explication orale de cette même règle.

On doit épargner autant que possible à l'enfant le souvenir visuel et graphique erroné des mots. Pour cela, on évitera de lui mettre entre les mains des pages couvertes de fautes, on l'obligera à soigner l'orthographe dans chacun de ses devoirs, — et au lieu de lui laisser deviner l'orthographe usuelle, autant que possible on lui fera lire, puis copier tout mot de l'orthographe duquel on le juge ignorant.

Le souvenir visuel et graphique seul, non accompagné d'explications de la part du maître, peut servir aussi à l'acquisition de l'orthographe usuelle, voire même, à la longue, de l'orthographe de règles. — Par conséquent, le maître doit voir dans la lecture, j'entends la lecture désintéressée de toute préoccupation grammaticale, une étude inconsciente il est vrai, mais enfin une étude de l'orthographe.

C'est pour ce motif, entre autres, qu'il ne craindra pas de prolonger chez les commençants la lecture syllabée, et qu'il développera chez tous l'amour de la lecture. — En raison de ce principe encore, on pourra se contenter de faire écrire correctement, sans aucun commentaire grammatical, les mots renfermant des difficultés grammaticales au-dessus de la portée des enfants, quand parfois de tels mots se rencontreront dans leurs exercices. Le plus simple assurément serait de supprimer ces difficultés, mais ce n'est pas toujours possible.

L'étude de l'orthographe peut et doit commencer dès le bas âge. — L'enfant, de bonne heure, peut garder le souvenir visuel et graphique des mots, et prendre l'habitude de l'emploi des règles grammaticales élémentaires. D'ailleurs, si nous ne lui apprenions dès le bas âge à écrire correctement, il se ferait une orthographe personnelle dont le souvenir serait d'autant plus persistant que l'on aurait tardé davantage à la modifier.

Les principes généraux admis, il reste à étudier les procédés à employer dans chacun des cours de l'École primaire pour l'enseignement de l'orthographe.

SECTION ENFANTINE

Premier degré.

Les premiers exercices d'orthographe se confondent avec les premiers exercices de lecture, d'écriture.

Pour les procédés de détails, se reporter au chapitre *Lecture*.

Deuxième degré.

But des exercices d'orthographe. — L'enfant peut écrire des mots; donc, étude de l'orthographe usuelle des mots représentant des idées qui lui sont familières; commencer par des mots dont l'orthographe est simple et l'idée concrète.

Marche à suivre. — La maîtresse écrit lisiblement au tableau noir un mot dont elle a fait trouver l'orthographe aux enfants. Le mot écrit est relu par toute la classe, puis chaque enfant le copie un certain nombre de fois sur son ardoise.

Remarques. — Pour les plus jeunes, le dessin au tableau noir de l'objet représenté par le mot, quand le sens du mot le permet, est un moyen de rendre l'impression plus vive, et par suite le souvenir plus tenace.
— Un seul mot à copier pendant la durée de l'exercice est suffisant.

Pour les plus avancées, le dessin devient inutile et l'exercice peut comporter la copie de deux ou trois mots.

Pour lutter contre l'oubli, donner de temps en temps, comme exercice, une copie des mots copiés précédemment.

COURS ÉLÉMENTAIRE

But des exercices d'orthographe.

Continuation de l'étude de l'orthographe usuelle. Premières applications des règles grammaticales les plus simples ; par exemple, celles de l'accord en genre et en nombre du nom, de l'adjectif.

Dictée.

Objet. — Au début, la dictée n'est qu'une suite de mots isolés. Puis elle comprend, le plus tôt possible, un ensemble de phrases courtes, faciles, sur un sujet familier aux enfants.

Parfois, la maîtresse composera elle-même ses dictées ; d'autres fois, elle les trouvera dans la leçon de lecture de la veille, dans des journaux scolaires, dans des livres, entre autres les grammaires de BATAILLE (cours préparatoire et cours élémentaire), qui renferment de courtes et charmantes dictées.

Marche à suivre. — La maîtresse lit la dictée tout entière, et en explique très rapidement le sens, car les enfants ne doivent rien écrire qu'elles ne comprennent.

Puis, placée devant toutes ses élèves, elle dicte lentement, distinctement une phrase ou partie de phrase ; elle fait trouver l'orthographe de chaque mot, et à mesure les écrit au tableau noir. — Les élèves copient ensuite sur leurs cahiers, et la maîtresse circule entre les tables pour contrôler leur travail. Puis elle revient se placer devant sa classe pour dicter la phrase suivante.

REMARQUE. — L'orthographe des mots doit être justifiée quand cela est possible. On peut très bien faire comprendre, par exemple, aux enfants du cours élémentaire qu'un nom prend un *s* ou un *x* « *quand il y en a plusieurs* ». L'important est de mettre les explications à la portée de l'intelligence des élèves. Il va sans dire qu'elles ne portent que sur les règles étudiées précédemment aux leçons de grammaire.

Assez fréquemment, redonner une dictée déjà faite ; mais alors ne pas l'écrire au tableau noir, ou du moins ne pas l'écrire tout entière ; et procéder par interrogations plus encore qu'à l'ordinaire pour rappeler l'orthographe de la plupart des mots.

Exercices oraux pouvant suivre la dictée.

La dictée achevée, la maîtresse relève les cahiers ou les fait ranger dans les pupitres.

— 113 —

Ensuite, elle va au tableau noir où, d'après le procédé indiqué plus haut, la dictée se trouve écrite en entier. Elle en efface quelques mots, en redemande l'orthographe aux élèves, et enfin les récrit, favorisant ainsi, par la répétition, l'acquisition de l'orthographe.

Autres exercices d'orthographe.

Dans une suite de mots isolés ou dans des phrases entières, modifier le genre et le nombre des noms, des adjectifs, les temps des verbes... constitue des exercices d'orthographe.

Pour faire ces exercices, procéder comme il suit :

Écrire avant la classe, au tableau noir, les mots, les phrases à transformer.

Les faire lire au moment de l'exercice ; donner ensuite quelques explications préliminaires, et faire prendre aux élèves leurs cahiers ou leurs ardoises.

Surveiller l'exercice, et lorsqu'il est achevé en faire la correction collective au tableau noir, puis faire faire les corrections sur les cahiers.

La *copie* est un exercice auquel on est obligé de recourir dans les classes nombreuses. La rendre le plus profitable possible en donnant comme sujet de copie la leçon de lecture précédente ou la dictée de la veille.

Nombre d'exercices d'orthographe.

Au cours élémentaire, comme au cours préparatoire, il est nécessaire de faire un exercice d'orthographe tous les jours.

COURS MOYEN

Principes généraux. — Continuation de l'étude de l'orthographe usuelle. Étude de l'emploi des règles grammaticales. Commencement de l'étude des signes de ponctuation.

L'orthographe usuelle de bien des mots étant connue, l'attention des enfants étant plus soutenue, il devient de moins en moins nécessaire d'écrire tous les mots de la dictée au tableau noir pour prévenir les fautes d'orthographe.

Dictée.

Choix. — Choisir un texte court et bien écrit, à la portée de l'intelligence des enfants, comme fond et comme forme, et se rapportant, quand il est possible, à une précédente leçon d'histoire, de géographie, etc.

On trouvera des dictées dans des livres de lecture courante, dans des lectures personnelles, dans des journaux scolaires, des recueils de morceaux choisis.

Marche à suivre. — Lecture de la dictée par la maîtresse, puis explication sommaire du sens du morceau. Explication sommaire, disons-nous, et non développement de morale, de sciences, etc., suivant le sujet du texte.

La maîtresse, placée devant toute sa classe, va dicter la première phrase. Si cette phrase contient un mot dont l'orthographe usuelle ou grammaticale renferme une difficulté, elle l'écrit au tableau noir après l'avoir expliquée ou fait expliquer par une élève. Puis lentement, distinctement, elle dicte la phrase ou partie de phrase.

Pendant que les élèves écrivent, elle circule entre les tables pour contrôler leur travail.

Elle revient ensuite devant sa classe, et procède pour chacune des phrases de la dictée comme précédemment.

REMARQUE. — Laisser aux enfants le soin de trouver les signes de ponctuation, excepté les points. D'ailleurs, les diriger aussi dans ce travail tout en dictant.

Correction. — L'épellation est nécessaire au cours moyen puisque la dictée n'a pas été écrite complètement au tableau noir.

Pas de changement de cahiers : c'est une cause d'indiscipline et surtout une occasion regrettable pour les élèves de voir des mots mal écrits. D'ailleurs, en obligeant chaque enfant à corriger sa dictée au crayon, on peut éviter les petites fraudes.

Faire une première correction pour la ponctuation; une deuxième, pour l'orthographe.

C'est la maîtresse, placée devant toute sa classe, qui fait l'épellation; elle épelle à peu près tous les mots.

Faciliter la correction aux plus jeunes, surtout au début de l'année, en leur permettant de la suivre au tableau. (Pour cela, pendant la dictée, il faut avoir fait écrire une élève à un tableau noir mobile tourné de telle façon qu'aucune enfant ne pouvait copier, et retourner cette dictée devant la classe pendant la correction.)

L'épellation achevée, et après avoir fait quelques observations aux enfants sur le nombre de leurs fautes, la maîtresse fait fermer les cahiers. Elle fait répéter quelques-unes des explications données pendant la dictée, ou en donne de nouvelles sur quelques-unes des fautes non encore expliquées qu'elle a constatées dans les dictées en circulant entre les tables.

REMARQUES. — Dans un même exercice, toutes les

règles de grammaire rencontrées dans une dictée ne peuvent être expliquées à des élèves de cours moyen. Les explications portent spécialement sur l'emploi des règles grammaticales apprises aux leçons de grammaire précédentes.

Toutes les semaines, ou tous les quinze jours suivant la force des élèves, comme revision, donner une dictée, peut-être même précédemment faite, sans autant d'explications grammaticales en dictant, afin de constater, à la correction, l'attention, les progrès des enfants. — Dans ce cas, les explications grammaticales qui suivent l'épellation ne doivent encore porter que sur quelques fautes.

Autres exercices d'orthographe.

Après la dictée, faire copier un certain nombre de fois chacun des mots où les enfants ont fait des fautes d'orthographe usuelle. (Ne pas faire copier isolément des participes, des adjectifs, des verbes, sauf les verbes à l'infinitif.)

Il n'est pas pratique de faire écrire à chaque élève l'explication de toutes ses fautes, car cela constituerait un nouvel exercice très long à corriger; on peut quelquefois cependant leur demander à toutes de justifier, par écrit, dans le même mot, l'emploi d'une même règle de grammaire, expliquée oralement au préalable.

Au commencement d'une dictée, faire redire aux enfants l'orthographe usuelle de quelques-uns des mots compris dans la dictée précédente.

A l'heure de l'exercice d'orthographe et lorsque le sujet le permet, faire quelquefois recopier la dictée de la veille en faisant les modifications suivantes : changement de nombre ou de genre, ou de personne ou de temps.

Pour faire cet exercice, écrire le texte au tableau noir avant la classe, donner les explications préliminaires nécessaires, puis contrôler le travail et, le devoir achevé, procéder à la correction orale collective.

Exercices sur les homonymes. — Composer au tableau noir, à l'aide d'interrogations, un tableau d'homonymes avec leur signification; puis le faire recopier sur les cahiers quand on le jugera nécessaire.

Suivre un ordre arrêté d'avance dans l'étude des homonymes.

Copies. — Ne pourrait-on quelquefois donner à faire aux jeunes élèves comme devoirs à la maison une copie répétée des mots dont on veut leur faire apprendre l'orthographe usuelle.

Suivre un ordre arrêté dans l'étude de ces mots.

Procédé La Martinière.

Après avoir abordé pour la première fois une difficulté grammaticale, il est bon de faire une série d'exercices pouvant familiariser les élèves avec cette difficulté. Or, une dictée composée de phrases détachées et difficiles est pénible; mieux vaut procéder de la façon suivante :

On veut, par exemple, faire appliquer la règle d'accord du participe passé conjugué avec l'auxiliaire avoir.

Rappeler cette règle au commencement de l'exercice.

Puis dicter : *Les pommes que j'ai achetées sont bonnes,* — et demander aux élèves d'écrire en très gros caractères, sur leur ardoise ou leur papier, seul le mot: *achetées.* — La maîtresse est devant sa division.

A un signal donné, toutes les ardoises se lèvent, celles du deuxième rang plus haut que celles du premier, et celles du troisième plus haut que celles du deuxième, etc., afin que la maîtresse les voie toutes.

Un nouveau signal fait abaisser les ardoises sur les tables.

La maîtresse fait alors au tableau noir la correction collective.

Elle procède de même pour chacune des phrases pendant toute la durée de l'exercice.

Nombre d'exercices d'orthographe.

Au cours moyen, un exercice d'orthographe par jour semble encore nécessaire.

COURS SUPÉRIEUR

Principes. — Avec des élèves de cours supérieur, il n'est plus nécessaire de recourir aux procédés indiqués au cours moyen, pour prévenir les fautes.

Les exercices d'orthographe écrits autres que la dictée peuvent être supprimés.

Le nombre des exercices d'orthographe peut s'abaisser à trois par semaine, par exemple.

Dictée. — Le degré d'instruction des élèves permet de faire un choix plus ample de textes de dictées dans les œuvres de nos grands écrivains.

Dicter presque sans explications grammaticales et sans aucun signe de ponctuation.

Le texte dicté, accorder quelques minutes aux élèves pour relire. — Puis procéder à la correction : 1° de la ponctuation; 2° de l'orthographe. — Une élève peut épeler. — Inutile d'épeler tous les mots.

L'épellation achevée, expliquer au tableau noir toutes

les fautes que chaque élève dit avoir faites, ces fautes étant en général assez rares au cours supérieur.

Autre procédé. — Quelquefois ne pas faire suivre la dictée de la correction immédiate. Et alors, en dehors de la classe, l'institutrice souligne les fautes de chaque dictée, et à l'heure de l'exercice d'orthographe suivant, demande à chaque élève d'en faire elle-même la correction. Ne pas oublier la correction orale collective de cet exercice.

Le procédé La Martinière peut être supprimé et remplacé, quand on le jugera à propos, par une ou deux phrases de difficultés écrites à la suite de la dictée du jour.

CONCLUSION

Ce classement de procédés par cours est encore théorique. A chaque maîtresse, il appartient de le modifier, tout en restant fidèle aux principes, suivant la composition de sa classe et la force de ses élèves. — Les unes se verront obligées de prolonger quelque temps au cours moyen les procédés du cours élémentaire, et au cours supérieur les procédés du cours moyen. — Les autres devront renoncer à quelques points de détail. Avec un cours élémentaire chargé, par exemple, au lieu d'écrire elles-mêmes la dictée au tableau noir, elles se résigneront à le faire faire par une élève.

LECTURE EXPLIQUÉE

RÉCITATION DE MORCEAUX CHOISIS

La lecture expliquée est un excellent moyen d'étendre le vocabulaire des enfants, de leur faire goûter un peu les qualités de la langue française, de leur faire aimer les belles pensées, la poésie.

Elle permet de donner quelques éléments de l'histoire littéraire, tout au moins de faire connaître les noms de nos grands auteurs.

La lecture expliquée, a-t-on dit, est le confluent de toutes les branches de l'enseignement.

Dans une leçon de lecture expliquée, bien conduite, les élèves peuvent prendre une part très active au grand profit de leur esprit. Le profit est plus complet et plus durable encore, si on fait apprendre par cœur aux enfants le texte de cette lecture, après explication.

COURS MOYEN ET COURS SUPÉRIEUR

Choix des textes. — Choisir les textes des lectures expliquées dans les œuvres de nos grands écrivains. — Le choix peut être plus ample au cours supérieur qu'au cours moyen.

L'Anthologie de l'enfance, par F. Bataille, est un des meilleurs recueils de morceaux choisis à l'usage des élèves des écoles primaires. — Mais n'en pas adopter tous les morceaux.

Manière de faire la lecture expliquée.

Lecture du texte. — Lire tout d'abord le morceau si les élèves peuvent suivre cette lecture avec intelligence; sinon débuter par quelques explications.

Explications préliminaires. — La lecture du texte achevée, donner des notions sur l'auteur et rattacher, s'il y a lieu, la page choisie à l'œuvre d'ensemble. Puis la faire résumer, en dégager l'idée générale et le plan. Dans toutes ces explications, procéder par interrogations.

Explications de détail. — Expliquer ensuite les idées de détail et le sens des mots qui les expriment.

Pour expliquer un mot, ne pas le traduire par un autre plus familier aux enfants; ce serait un synonyme, je veux bien, mais entre les synonymes il y a une nuance, et cette nuance il faut la faire saisir. (Consulter le *Dictionnaire des synonymes de la langue française*, par Lafaye (Hachette).

L'étude de la formation des mots aidera à la maîtresse, à la maîtresse seule le plus souvent, à préciser le sens des mots.

Il est très difficile de donner des conseils précis relatifs à cette partie de la lecture expliquée où plus qu'ailleurs encore il faut, de la part de la maîtresse, beaucoup d'initiative, beaucoup de présence d'esprit, pour arriver, en partant des réponses des enfants, à rendre nettement une idée, à formuler avec précision la signification d'un mot.

REMARQUE. — Pendant la lecture expliquée, les élèves suivent sur leur livre.

Lecture collective. — Terminer l'exercice en faisant faire la lecture collective, puis individuelle, du texte expliqué. Cette lecture permettra aux enfants de l'apprendre ensuite par cœur sur le ton qui convient.

Nombre de lectures expliquées.

Il faut faire au moins une lecture expliquée par semaine.

Récitation de morceaux choisis.

Au commencement de chaque leçon de lecture expliquée, les enfants récitent le morceau dont l'explication a fait le sujet de la leçon précédente. — Elles l'ont appris chez elles dans leur recueil de morceaux choisis.

SECTION ENFANTINE

Dans la section enfantine, s'attacher uniquement dans les lectures expliquées à faire comprendre les pensées du texte et le sens des mots.

Choix du texte. — Les textes peuvent être en vers ou en prose. Cependant choisir plus rarement de la prose car elle est plus difficile à étudier.

Les pensées doivent en être morales, gracieuses, présentées sous une forme vivante et exprimée dans un langage assez familier aux enfants tout en étant correct, précis, élégant.

Manière de faire une lecture expliquée.

Dans les premières divisions de la section enfantine, procéder comme il suit :

Explications préliminaires. — Résumer l'idée générale du morceau et donner les explications de détails nécessaires pour que les enfants puissent suivre avec intelligence la lecture du texte.

Présenter même les personnages mis en scène s'il y a lieu. Par exemple : dans les explications préliminaires sur la fable : *Le pinson et la pie*, donner des notions sur le pinson et sur la pie, et en particulier sur leur chant. Redire l'expression : *bavard comme une pie* ; parler du langage des oiseaux, puis annoncer la lecture d'une causerie à l'aide de nos mots à nous, entre le pinson et la pie.

Lecture du texte. — La maîtresse lit alors le texte que les enfants peuvent suivre grâce aux explications précédentes.

Explications de détail. — Puis l'on entre dans l'explication détaillée des idées et des termes employés pour les exprimer, en procédant par interrogations.

Conduire vivement l'exercice.

REMARQUES. — Les élèves n'ont aucun livre pour suivre la lecture expliquée : elles regardent la maîtresse.

Cependant, si elles savent lire, elles peuvent suivre au tableau noir où le morceau choisi a été écrit avant la classe (mais ce dernier moyen n'est pas toujours pratique).

Dans une leçon de lecture expliquée aux plus petites élèves de la section enfantine ne faire la lecture du texte qu'après toutes les explications.

Étude par cœur du texte expliqué.

La maîtresse placée devant sa classe dirige cette étude de la façon suivante : Elle dit elle-même seule sur le ton qui convient et en articulant bien, la première phrase du texte, puis la redit avec toutes les élèves. Elle la fait répéter ensuite à toutes ensemble, sans son aide, puis à quelques-unes en particulier.

Elle procède de même pour chaque phrase, en ayant soin de réunir la dernière phrase apprise aux phrases précédentes déjà sues, et de faire chaque fois redire le tout, sans oublier le titre.

REMARQUES. — Pour les corrections de fautes de prononciation et d'intonation, s'inspirer de ce qui a été dit au paragraphe : *Correction de la lecture*, dans le chapitre *Lecture au cours moyen*.

Lorsque le texte est su par toute la classe, le faire réciter sous forme de dialogue si le sujet le comporte. Si on le juge à propos, ne faire faire les récitations individuelles qu'à la fin de l'exercice.

Le souvenir visuel joint au souvenir auditif facilite l'étude par cœur. Pour cette raison, si les plus grandes élèves de la section enfantine savent lire, et si le nombre des tableaux noirs le permet, leur faire apprendre le texte en suivant au tableau. Effacer les phrases à mesure que les enfants les savent, pour les leur faire répéter ensuite sans le secours du tableau.

Nombre d'exercices.

Un exercice tous les jours.

A l'heure déterminée pour cet exercice par l'emploi du temps, la maîtresse fait d'abord la lecture expliquée d'un morceau choisi; puis, les jours suivants, à la même heure, le fait apprendre par cœur. (Au cours de ces exercices, avoir soin de revenir sur quelques explications pour les fixer dans l'esprit des élèves.)

Dès que le morceau est su, en aborder un nouveau que l'on expliquera et étudiera de la même manière.

Revisions.

Faire reviser souvent les morceaux déjà appris, afin que les enfants ne les oublient point.

COURS ÉLÉMENTAIRE

Suivant la force des élèves du cours élémentaire, s'inspirer des conseils donnés pour le cours moyen ou pour la première division de la section enfantine.

LECTURES EN CLASSE ET DANS LA FAMILLE

COURS MOYEN ET COURS SUPÉRIEUR

Outre les lectures faites pour apprendre à lire, outre les lectures expliquées et les lectures intéressantes que peut faire chaque maîtresse à l'appui de ses leçons de morale, d'histoire, de géographie, de sciences, etc., il est encore d'autres lectures sans but immédiat, qu'il faut faire aux élèves ou leur conseiller de faire.

Des avantages des bonnes lectures il a été assez parlé souvent pour qu'il soit inutile d'y revenir ici. On sait tout le fruit que l'esprit et le cœur peuvent en retirer.

I. — Lectures en classe.

a) **Lectures variées.** — *Sujets des lectures.* — Les sujets de ces lectures doivent être courts et variés : narrations piquantes ou gracieuses, descriptions précises, pages d'imagination, etc.

Cependant, si un texte était assez long pour que l'on soit obligé de le lire en deux fois, le choisir néanmoins s'il peut intéresser les élèves.

Manière de faire ces lectures. — Pour faire ces lectures, on peut procéder ainsi :

L'institutrice, placée devant toute sa classe, donne l'idée principale de la page choisie, puis elle en fait la lecture.

Tout en lisant, elle s'attache à faire comprendre le sens des mots, ou le piquant, ou la poésie du style et des pensées.....

La lecture achevée, elle en fait faire le résumé oral.

Remarques. — Les enfants n'ont pas de livres : elles regardent la maîtresse.

Ces lectures doivent avoir une place déterminée dans l'emploi du temps.

Résumé écrit. — Donner parfois le résumé écrit de la lecture du jour comme devoir à la maison.

La maîtresse corrige ces résumés comme tout autre devoir et fait connaître ses appréciations au commencement de la lecture suivante.

Il serait même bon que les enfants aient un cahier spécial pour ces résumés.

Nombre de lectures. — Faire au moins trois fois par semaine de ces lectures courtes et variées.

b) **Récits suivis.** — Certaines institutrices lisent chaque jour à leurs élèves quelques pages d'un récit suivi.

Cette lecture n'est pas du même ordre que celle que nous avons indiquée plus haut et qui a une place déterminée dans l'emploi du temps. Elle se fait par exemple à la fin de la classe, à titre de récompense, pour une bonne journée de travail.

D'autres institutrices encore font lire quelques pages d'un récit suivi pendant les leçons de travail manuel. — Assurément, si les enfants sont bien au courant de leur travail, il est possible d'occuper ainsi leur esprit. Mais il y a là un danger : l'attention des enfants risque d'être détournée du but principal de la leçon qui est le travail manuel.

Sources des lectures.

Journaux pédagogiques. — Certains journaux offrent des lectures variées presque chaque semaine, entre autres : *Le Volume*, *Le Manuel général*, depuis ses récentes modifications, *L'École nouvelle*, *L'Instituteur*, etc.

Le Volume offre en outre une œuvre de choix dont il donne quelques pages tous les quinze jours.

Journaux littéraires. — *L'Écolier illustré*, *Le Français illustré*, *La lecture en classe, à l'étude et dans la famille*, sont des journaux littéraires à l'usage des écoles primaires.

Livres. — On trouve un choix de lectures variées et de récits suivis dans des livres tels que les suivants : *Pages choisies*, d'Henry Gréville ; *Pages choisies*, de G. Sand, etc. ; *La Roche aux mouettes*, de Jules Sandeau ; *Perdue*, d'Henry Gréville ; *Sans famille*, d'Hector Malot ; *Nous autres*, *Braves gens*, *Le Grand-Père*, tous trois de Girardin, etc. ; *L'Allumeur de réverbères* et d'autres romans anglais ; les *Contes* de Perrault, les livres de Jules Verne : *Les Anglais au Pôle Nord*, *L'Ile mystérieuse*, etc. ; *Robinson Suisse*, *Robinson Crusoé* ; *Nos grandes Françaises*, de Bonnefont ; *Œuvres choisies* de Silvio Pellico. *Les livres de lecture courante* désignés au chapitre : *Enseignement de la lecture*, peuvent aussi fournir des pages intéressantes. Ajouter : *Le Tour de France par deux enfants*, *Francinet*, *Sylvain*, *Yvon Gall*, *L'Enfance de Suzette*, *Suzette*, *Le Ménage de Madame Sylvain*, formés chacun d'un récit suivi.

Les brochures, les livraisons de la bibliothèque à dix

centimes, à vingt-cinq centimes, renferment bien des pages intéressantes pour des élèves d'école primaire.

Les institutrices peuvent, dans leurs *lectures personnelles*, marquer les passages à la portée de leurs élèves. Il s'en rencontre souvent dans une œuvre que cependant tout entière on ne pourrait leur lire. (Les institutrices me permettent-elles de leur conseiller de ne pas s'abonner uniquement à des journaux pédagogiques? — Un abonnement aux *Annales politiques et littéraires*, par exemple, est à la portée de toutes les bourses.)

Je voudrais, pour le cours supérieur, des extraits de grandes œuvres, telles que *l'Iliade*, *l'Odyssée*, *la Jérusalem délivrée*, *l'Énéide*, *Télémaque*, *les Martyrs*, etc....., mais je désirerais ces extraits compris de la façon suivante : pour chaque œuvre, une suite de beaux passages à la portée des élèves, et ces beaux passages reliés entre eux par un court résumé des pages non reproduites. Les élèves auraient ainsi une vue d'ensemble sur l'œuvre entière.

Je crois que ces extraits compris ainsi n'existent que pour *l'Iliade* et *l'Odyssée* (par A. Couat, Lecène et Oudin).

II. — Lectures dans la famille.

S'il existe une bibliothèque à l'école, inviter les élèves à emprunter des livres pour les lire à la maison. — Les engager à s'abonner à des publications pour enfants.

Conseiller aux élèves du cours supérieur d'acheter quelques numéros *désignés* des bibliothèques à dix centimes, à vingt-cinq centimes.....

SECTION ENFANTINE ET COURS ÉLÉMENTAIRE

Dans les premières divisions du cours élémentaire, faire aussi en classe quelques lectures à la portée des élèves.

Dans les dernières divisions et dans la section enfantine, raconter des historiettes, mais n'en pas faire les lectures.

Voir les Livres, les Journaux indiqués plus haut. Consulter aussi le journal : *L'Éducation maternelle*.

COMPOSITION FRANÇAISE

La composition française contribue à donner aux élèves l'habitude de s'exprimer dans leur propre langue, correctement, clairement et, s'il est possible, élégamment.

Elle contribue encore à faire prendre l'habitude de réfléchir sur une question et de réunir les idées qu'elle suggère.

Ne faire traiter aux élèves que des sujets sur lesquels elles peuvent avoir des idées.

COURS MOYEN ET COURS SUPÉRIEUR

Qualités à cultiver dans les exercices de composition française.

Qualités concernant le fond. — Avant tout, réclamer *la sincérité* dans les idées : pas de phrases copiées, à moins d'être entre guillemets ; pas de sentiments exagérés. Laisser cependant l'*imagination* se dérouler dans de justes limites.

Puis exiger que chaque sujet soit traité aussi *complètement* que le comporte le développement des élèves.

Qualités concernant le plan. — Apprendre à mettre en relief les *idées principales* d'un sujet, et à grouper autour de chacune d'elles les idées *secondaires* qui en dépendent.

Demander la *proportion* dans le plan, ce qui s'obtient en donnant à chacune des idées le développement qu'elle comporte.

Exiger une *conclusion* à tout devoir.

Qualités concernant l'élocution. — 1° CLARTÉ. — Parmi les qualités concernant l'élocution, la plus précieuse est la *clarté*.

Les conditions nécessaires à la clarté sont :

La correction dans les mots. — Une page surchargée de fautes d'orthographe est parfois incompréhensible.

La correction dans les phrases. — Pour obtenir cette correction, demander avant tout des *phrases courtes* ; au début surtout, les enfants les font très longues.

Puis apprendre à éviter les *équivoques* résultant du mauvais emploi des pronoms relatifs qui, que, dont..... des adjectifs possessifs son, sa, ses, leur..... des pronoms personnels il, elle.....

La précision dans les mots. — Les enfants ne connaissent pas les mots précis nécessaires pour rendre leur pensée ; les leur apprendre.

2° ÉLÉGANCE. — Après la clarté, on peut viser *à l'élégance*, qui consistera simplement à ne *pas composer de phrases aux parties inégales*, à moins de placer la partie la plus courte la première ;

à éviter les *expressions vulgaires*, *les répétitions* si toutefois la clarté ne les exige pas.

Livres à consulter.

L'année préparatoire et *La première année de style de rédaction et d'élocution*, par Carré et Moy, A. Colin (Livre du maître) ; *Le cours de composition française*, par Laporte; *Principes de composition et de style* (enseignement secondaire des jeunes filles), par Lanson (Hachette).

SUJETS DE COMPOSITION FRANÇAISE

Voici l'indication de différents sujets que l'on peut donner à traiter à des élèves de cours moyen et de cours supérieur.

A chaque institutrice de donner aux textes une forme vive, variée et appropriée au degré de développement de ses élèves.

Narrations. — Comment avez-vous passé vos vacances ?

Raconter la journée des vacances qui a laissé le meilleur souvenir.

Raconter... une fête du village... de la ville... un incident de la vie de l'école.

Occupations à la maison.

Une veillée en famille... Une promenade.

Une journée de vendanges... de moisson.

La fête des Rois... ou une autre fête.

Quelques sujets d'imagination.

Descriptions. — La salle de classe, les tableaux de la salle, etc.

La ville, — le village, — les rues traversées pour venir en classe, — le jardin de l'école, — la maison que l'on habite, — la gare du village, — une foire, — un marché.

Le nouveau calendrier. — Un arbre de Noël. — La campagne en hiver, — en été.

Quelques sujets d'imagination : Inondation, — incendie, — orages.

Réflexions morales. — Aimez-vous vos parents? Pourquoi?

Manière de prouver son affection à ses parents.

Pourquoi ne faut-il pas se quereller entre frères et sœurs?

Résolutions prises au commencement de l'année.

Pourquoi ne faut-il pas communiquer avec ses compagnes lorsqu'on fait un devoir.

Conduite d'une bonne écolière.

Raconter une leçon entendue en classe sur la politesse, etc.

Portrait d'une enfant polie, bonne, égoïste.....

Il ne faut pas se moquer des infirmes.

Il ne faut pas dénicher les nids.

Comment faire pour conserver le plus longtemps possible ses vêtements, ses livres.....

Réflexions sur un acte moral dont on a été témoin.

Montrer par des exemples la différence entre un avare et un économe.

Comparer la conduite de deux petites filles : l'une studieuse, l'autre paresseuse.

Comment doit-on se tenir à table?

Vous montrerez que la charité peut s'exercer de plusieurs manières et qu'un enfant, même s'il n'est pas riche, peut être charitable.

Vous avez vu en vous promenant une chouette clouée sur une porte. Que pensez-vous de cet acte? Croyez-vous que la chouette soit un signe de malheur, qu'elle soit nuisible à l'agriculture?

Réflexions personnelles. — Que pensez-vous d'un événement récent survenu dans le village, à l'école?

Réflexions sur les ramoneurs..... le facteur.....

Comparaisons entre les saisons..... entre les travaux manuels et les études..... entre les principales études..... entre les jeux.....

Que peut-on faire avec un sou?

Réflexions que suggèrent l'arrivée et le départ des hirondelles.

Que désirez-vous pour vos étrennes?

Supposez qu'une fée vous promette la réalisation de trois souhaits. Lesquels formuleriez-vous?

Lettres. — Quelques-uns des sujets précédents peuvent être traités sous forme de lettre.

Faire composer des lettres d'amitié, d'invitation, de remerciement, d'affaires (faire quelques commandes, par exemple).

REMARQUE. — Sur le cahier, à la suite des compositions faites sous forme de lettres, faire disposer *l'adresse*.

Compositions relatives aux lectures. — Compositions relatives soit aux lectures faites en classe, soit aux lectures faites à la maison.

Résumé d'une lecture.

Parmi les livres lus quel est celui qu'on préfère.

Dans un livre, quel est le passage préféré.

Quelles sont les réflexions suggérées par une lecture.

COMPOSITION FRANÇAISE ORALE

But de l'exercice.

La composition française orale offre les avantages généraux de toute composition française. — De plus, elle permet d'apprendre à faire les compositions écrites.

En particulier, lorsque le sujet choisi pour la composition écrite suivante est un peu difficile, le faire développer au préalable à la composition orale.

Choix du texte de la composition orale.

Consulter la liste précédente. — Choisir spécialement les textes les plus difficiles. — Écarter les sujets qui demandent des appréciations très personnelles, tels que celui-ci : « Des étrennes que vous avez reçues, lesquelles préférez-vous ? »

Manière de faire l'exercice.

La maîtresse écrit le texte de la composition orale au tableau.

Recherche des idées. — Elle interroge ensuite les élèves pour réunir leurs idées sur le sujet. — Elle corrige les idées fausses, puis complète s'il y a lieu.

Cette partie de l'exercice est purement orale.

Plan. — Puis elle demande de chercher un plan et elle écrit, en les numérotant, les idées principales suivies chacune des idées secondaires qui en dépendent, et dans l'ordre indiqué soit par une élève, soit par l'ensemble de la classe.

(*Avoir soin de diviser le tableau noir en deux parties par une verticale tracée à la craie de haut en bas ; et d'écrire à gauche ou à droite de la ligne le plan indiqué par les enfants.*)

Elle procède ensuite à la correction de ce plan, à l'aide d'interrogations toujours..... A mesure que la correction se précise, elle change les numéros d'ordre du plan écrit au tableau ; et lorsque le nouveau plan est trouvé, elle l'écrit nettement en regard du premier.

Construction d'une ou plusieurs phrases. — Après

l'étude du plan, aborder la construction d'une ou plusieurs phrases en procédant ainsi :

Demander à une élève une première phrase pour le développement du plan précédent, et l'écrire soi-même au tableau, telle qu'elle la donne, en ayant soin d'espacer plus que de coutume les mots et les lignes. — Puis, à l'aide d'interrogations, faire corriger cette phrase par toutes les élèves, et tracer à mesure au tableau noir des traits sur les mots ou les parties de phrase que l'on supprime, et écrire les nouvelles constructions au-dessus des anciennes, comme dans l'exemple suivant :

Un   surtout quand il fait froid
~~Le~~ jeu que j'aime ~~en classe~~
c'est le jeu de la baguette
*   il permet de bien courir*
parce qu'~~on court bien~~
*   ce qui*
et ~~que ça~~ réchauffe

Une telle disposition permet de comparaisons plus nettes et donne aux élèves la notion des brouillons.

Puis on procède de même pour la deuxième phrase que l'on écrit au-dessous de la première.

Cette deuxième phrase corrigée, l'étudier ensuite dans ses rapports avec la première, afin d'établir entre elles le lien voulu ou de supprimer les répétitions.

Il n'est guère possible, dans une leçon, de faire construire plus d'une ou deux phrases.

Copie du plan. — L'exercice achevé, faire copier dans les cahiers le plan corrigé.

Si le tableau n'est pas assez grand pour contenir les plans et les phrases, faire copier le plan avant de procéder à la construction de ces phrases.

Autre procédé.

Dans les exercices de composition orale, on peut encore procéder de la façon suivante :

Écrire le texte au tableau noir ; demander à chaque élève de faire le plan sur son cahier ; circuler entre les tables pour contrôler le travail ; puis se faire dicter un des plans que l'on écrit soi-même au tableau noir, et corriger comme précédemment.

Procéder de même pour les phrases que l'on veut faire développer.

A la suite de son plan, chaque élève copie le plan corrigé.

LECTURES DE PHRASES A FAIRE REPRODUIRE PAR LES ÉLÈVES

Faire reproduire par les élèves une ou plusieurs phrases qui viennent de leur être lues est un excellent moyen de leur apprendre à bien s'exprimer si ces phrases ont été choisies avec goût.

Préparation de l'exercice.

Choisir dans un recueil de morceaux choisis, dans des livres de lecture, quelques lignes en prose d'une pensée familière aux enfants, et exprimée dans un langage précis et élégant.

Les étudier par cœur après avoir cherché le sens précis des mots et apprécié le style.

Choisir un texte assez court pour que les élèves le reproduisent facilement, et assez long pour qu'elles ne puissent pas le retenir par cœur.

Manière de faire l'exercice.

Explication du texte. — Si on le juge nécessaire, donner dès le début de l'exercice quelques explications préliminaires permettant de suivre la lecture avec profit.

Lecture du texte. — Lire le texte distinctement une seule fois.

Reproduction du texte sur les cahiers. — Puis faire prendre les cahiers où les élèves reproduisent ce qui vient de leur être lu.

Circuler entre les tables pour contrôler le travail et aussi pour examiner quel est celui des devoirs qui se prêtera le mieux à une correction intéressante.

Est-il besoin de recommander de ne pas toujours choisir les exercices des mêmes élèves.

Correction. — Le travail achevé, réclamer l'attention de toutes les élèves et faire une correction orale collective de la manière suivante :

Écrire au tableau noir le devoir choisi, en espaçant plus que d'ordinaire les mots et les lignes.

Corriger en comparant les mots, le style du devoir avec les mots, le style du texte. Procéder par interrogations et justifier toutes les corrections. De la vivacité d'esprit est nécessaire dans cet exercice où la part de l'imprévu est grande; mais bien des maladresses peuvent être évitées par une préparation sérieuse et l'étude par cœur du texte.

Ne pas vouloir à tout prix faire trouver les expressions de l'auteur meilleures que celles des enfants qui en rencontrent parfois d'heureuses.

Pour faire la correction, écrire les expressions nouvelles au-dessus de celles qu'on efface d'un trait à la craie, ainsi qu'il a été indiqué pour la composition orale.

La correction achevée, faire copier les phrases corrigées sur les cahiers et ensuite les faire apprendre par cœur à l'aide du tableau noir.

COMPOSITION FRANÇAISE ÉCRITE

La composition écrite, qui exige un effort personnel plus soutenu que la composition orale, contribue puissamment à faire passer dans l'habitude les principes de style.

Lorsque le sujet d'une composition française à faire par écrit est difficile, ne pas oublier de le traiter auparavant à l'exercice oral.

Mieux vaut réserver une place à la composition française dans l'emploi du temps que de la donner comme devoir dans la famille.

Au cours moyen et au cours supérieur, faire une composition française par écrit chaque semaine.

Manière de faire l'exercice.

Au moment de commencer la composition française, en faire lire le sujet au tableau noir, donner des explications préliminaires s'il y a lieu, puis faire prendre les ardoises et les cahiers.

Circuler entre les tables pour contrôler le travail Exiger un brouillon; les élèves le transcrivent ensuite sur leurs cahiers journaliers où elles ont soin de laisser une marge double de la marge habituelle.

Correction écrite.

Relever les cahiers pour corriger les compositions en dehors des heures de classe, et faire la correction écrite en s'inspirant dés conseils suivants :

Ne pas chercher à corriger toutes les fautes de chaque devoir, mais seulement les principales. Viser en particulier les fautes opposées à une qualité de style déterminée, qualité dont on fait l'étude spéciale à tous les exercices de composition de la semaine ou de la quinzaine.

Faire les corrections à l'encre rouge et lisiblement. Mieux vaut souvent écrire dans la marge que dans les interlignes.

Pas d'annotations banales, vagues, telles que : *style incorrect, lourd*; mais préciser chaque observation, et même, quand on le peut, remplacer un mot *impropre* par le mot *propre*, une phrase *incorrecte* par une phrase *correcte*, etc.

Lorsqu'une telle correction exige une trop longue annotation, souligner alors simplement la faute, et réserver ses observations pour la correction orale.

Résumer en quelques mots précis l'ensemble des observations et ajouter une note chiffrée.

Éviter la trop grande sévérité qui décourage les enfants.

Correction orale.

Plus que la correction écrite, la correction orale est utile aux élèves, et même dans les classes nombreuses, elle est presque la seule possible.

Étant donnée son importance, lui assigner une place dans l'emploi du temps.

La préparer en classant les observations faites sur les devoirs pendant la correction écrite, et la faire en s'inspirant des conseils suivants :

Principes. — La correction orale comme la correction écrite ne doit porter que sur quelques fautes.

Dans une classe nombreuse, il est impossible de rendre compte successivement de chaque composition ; d'abord le temps matériel ferait défaut, ensuite cette correction individuelle ne permettrait pas de soutenir l'attention de toutes les élèves pendant toute la durée de l'exercice. Mieux vaut examiner de front toutes les compositions, et procéder ainsi :

Rappeler le sujet de la composition. — Lire le texte de la composition pour le rappeler.

Observations concernant le fond. — Puis énumérer les idées justes : d'abord celles qui sont communes à toutes les élèves et ensuite celles qui sont particulières à quelques élèves que l'on a soin de nommer.

Citer les idées erronées émises par d'autres que l'on nomme encore.

Et enfin compléter les idées s'il y a lieu.

Observations concernant le plan. — Faire connaître ensuite le plan généralement suivi, puis les meilleurs et les plus mauvais plans avec les noms des élèves, et terminer l'étude du plan en disant celui qu'il eût fallu suivre.

Observations concernant l'élocution. — Les idées et le plan étant étudiés, aborder l'examen du style proprement dit.

Nommer les élèves dont les devoirs sont soignés et signaler sommairement les fautes qu'elles ont su éviter; puis les élèves dont les devoirs ne sont pas satisfaisants.

Relever surtout une faute commune à presque toutes les compositions et opposée à la qualité de style spécialement visée pendant la correction écrite; puis écrire au tableau noir la phrase dans laquelle cette faute est le plus en relief, et la faire corriger en procédant comme il a été dit à la composition orale.

Lecture du meilleur devoir. — Lire ensuite le meilleur devoir s'il est assez bon pour que la lecture en soit profitable.

Donner les notes. — Terminer l'exercice en donnant les notes chiffrées que l'on accompagne d'un mot d'encouragement ou de réprimande.

Autre procédé.

On peut encore quelquefois faire la correction orale collective en opposant deux compositions seulement : une bonne et une mauvaise, mais tout en faisant allusion cependant aux élèves dont les devoirs se rapprochent du meilleur, et aux élèves qui, au contraire, ont des compositions se rapprochant de la plus mauvaise.

Note pour le cours supérieur.

Au cours supérieur, on peut encore quelquefois procéder ainsi :

Pendant la correction écrite des compositions, souligner simplement les fautes; et les faire ensuite corriger en marge, en classe, par les élèves elles-mêmes; puis faire la correction orale de ces corrections.

COURS ÉLÉMENTAIRE

Premières divisions.

Pour les élèves des premières divisions, s'inspirer des principes, des procédés indiqués pour le cours moyen.

(Voir plus loin des sujets de composition pour le cours élémentaire.)

Dernières divisions.

Exercice oral. — Dans les dernières divisions du cours élémentaire, supprimer l'exercice oral qui consiste à reproduire une phrase lue.

Dans une *composition orale*, ne rien écrire au tableau, sans quoi l'exercice manquerait de vie; mais procéder ainsi :

A l'aide d'interrogations, réunir quelques idées sur le sujet, les mettre en ordre, puis faire former une phrase ou deux de la manière suivante :

Supposons qu'une enfant ait dit : *Moi, je joue tout le temps avec ma poupée.*

La maîtresse, placée devant sa classe, répète la phrase, et explique qu'il est inutile de dire : *moi* et *je*, qu'il faut supprimer *moi*, et elle répète : *Je joue tout le temps avec ma poupée.*

Tout le temps! Cela voudrait dire du matin au soir, sans arrêt, même la nuit. Or, l'élève voulait dire qu'elle joue à la poupée, souvent, tous les jours. Et la maîtresse redit : *Je joue tous les jours avec ma poupée.*

Mais l'élève joue-t-elle toute la journée, ou un peu le soir en rentrant de classe?

Arriver à faire dire : *Je joue un peu tous les jours avec ma poupée.*

Mais le jeudi, elle joue davantage. Si les élèves disent alors : *Je joue un peu tous les jours de classe avec ma poupée.*

Faire remarquer qu'il serait plus joli de dire : *Je joue un peu avec ma poupée tous les jours de classe.*

DEUXIÈME PHRASE.

Une autre élève dit ensuite : *Quand c'est jeudi, je joue encore plus avec ma poupée.*

On corrige comme précédemment et l'on obtient :
Le jeudi, je joue beaucoup avec ma poupée.

RÉUNION DES DEUX PHRASES.

La maîtresse réunit cette deuxième phrase à la première qu'elle peut fort bien se rappeler et redit :
Je joue un peu avec ma poupée tous les jours de classe ; le jeudi je joue beaucoup avec ma poupée.

Par interrogations, amener les élèves à faire la phrase suivante : *Je joue un peu avec ma poupée tous les jours de classe, et beaucoup le jeudi.*

Exercice écrit. — Immédiatement après l'exercice oral, les plus grandes élèves font le devoir sur le cahier journalier, où il est inutile, au cours élémentaire, de laisser une double marge.

Correction. — La correction écrite de ces exercices de langue française ne comprend le plus souvent qu'une note écrite en tête du devoir : *bien, mal,* etc.

Faire quelques brèves observations le lendemain au moment où l'on rend les cahiers.

SUJETS DE COMPOSITIONS POUR LE COURS ÉLÉMENTAIRE

Voici quelques sujets de composition française pour les élèves du cours élémentaire. A l'institutrice de donner aux textes une forme simple et variée.

Narrations. — Ce que les petites filles doivent faire pendant les récréations.
Raconter un incident de la vie de l'école.
Le jeudi d'une bonne petite fille.

Descriptions. — Faire décrire un crayon, un porte-plume, la salle de classe, quelques objets de la classe, une image.
Le jardin de l'école, la cour, la maison habitée, le village, une place, une rue de la ville, une poupée, un jouet quelconque.

Réflexions morales. — Qu'arrive-t-il à une petite fille menteuse, désobéissante, etc.
Que fait une petite fille polie, bonne, etc.
Comment faites-vous pour prouver à vos parents, à vos maîtresses que vous les aimez, que vous leur êtes reconnaissantes?
Que faut-il faire pour n'être pas égoïste.....?
Querelles entre frères et sœurs, entre compagnes.
Pourquoi ne faut-il pas dénicher les oiseaux?
Comment doit-on faire sa toilette, cirer sa chaussure.

Réflexions personnelles. — Aimez-vous votre village, la cour..... Pourquoi?
Que peut-on faire avec un sou?

Des jouets reçus, lesquels préférez-vous?

Historiettes. — Quelquefois, faire résumer une très courte historiette racontée par la maîtresse.

SECTION ENFANTINE

Dans la section enfantine, faire un exercice de langage tous les jours, même avec les plus jeunes, car on ne saurait trop tôt apprendre aux enfants à bien s'exprimer.

Premiers exercices. — Dans les premiers exercices, apprendre simplement aux enfants à nommer les personnes, les animaux, les choses qu'ils connaissent.

Ensuite, faire joindre un adjectif à ces noms; puis enseigner à compléter des propositions en trouvant le sujet, l'attribut, le verbe manquant, et même en ajoutant des compléments.

Plus tard, faire ajouter une proposition subordonnée à la proposition principale.

Et enfin faire deux ou trois phrases courtes sur un même sujet.

Conduire tous ces exercices avec vivacité.

Causeries sur images. — Choisir souvent des images comme sujets de causeries; tout d'abord, faire saisir le sujet de l'image et les principaux détails, puis faire former des phrases courtes et claires.

Si l'image à examiner est grande, la placer bien en vue de toutes les élèves.

Si les images sont petites et en nombre suffisant, en

remettre une à chaque enfant; et les images en mains, faire l'exercice.

Se procurer si l'on peut : *Cinquante images expliquées*, par M*me* Kergomard (les albums des enfants et l'album de la maîtresse).

Livres à consulter. — *Les livres de réduction et d'élocution*, par Carré et Moy; *L'Éducation maternelle dans l'École*, par M*me* Kergomard; *L'École maternelle*, par M*lle* Chalamet.

Note. — Dans la section enfantine, comme d'ailleurs dans toutes les classes de l'École primaire, veiller à la correction du langage au cours de tous les exercices.

HISTOIRE

L'histoire renferme des leçons de morale, et, bien enseignée, elle aide à l'étude de l'instruction civique.

Elle satisfait d'ailleurs notre légitime curiosité sur nos ancêtres et sur les faits qui ont précédé l'histoire contemporaine.

Elle répond également à notre désir de connaître un peu l'histoire des pays autres que la France.

« Rien n'est plus utile que la connaissance de l'histoire. Mais si l'on se contente de charger sa mémoire d'une multitude infinie de faits qui seront peu curieux et peu intéressants; si l'on ne s'arrête qu'à des dates ou à des difficultés de chronologie ou de géographie, si l'on ne se met point en peine de connaître le génie, les mœurs, le caractère des grands hommes dont il y est parlé, on aura beaucoup appris et l'on saura peu de choses.

C'est en étudiant avec attention les qualités dominantes et des peuples en général, et des grands capitaines en particulier, qu'on se met en état de bien juger de leurs desseins, de leurs actions, de leurs entreprises, et qu'on peut même prévoir quelle en sera la suite.....

..... Ce n'est pas une chose indifférente, en étudiant l'histoire, que d'observer les divers usages des peuples, l'invention des arts, les différentes manières de vivre, de bâtir, de faire la guerre, de former ou de soutenir des sièges, de construire des vaisseaux, de naviguer; les cérémonies pour les mariages, pour les funérailles, en un mot tout ce qui regarde les coutumes. »

ROLLIN.

COURS MOYEN ET COURS SUPÉRIEUR

Conseils généraux sur l'enseignement de l'histoire

Sujets des leçons. — Le programme du cours supérieur seul comporte un peu d'histoire générale. Cependant, il est à désirer que l'on fasse connaître, même au cours moyen, les *mœurs* et les *coutumes* des différents peuples, les *grands noms*, les *grandes dates* de l'histoire générale. Pour cela, faire par exemple quelques leçons à la fin de l'année, lorsque le cours d'histoire de France est terminé. — Je voudrais même, dans le livre des élèves, quelques chapitres d'histoire générale.

(Consulter : *L'histoire générale à l'usage des candidats au certificat d'études primaires*, par Lavisse.)

Dans l'enseignement de l'histoire, éviter le parti pris.

Étudier à fond les mœurs et les coutumes, et des *dates* et des *faits*, ne donner que les plus importants.

Forme. — Dans chaque leçon, s'attacher à bien dégager l'enchaînement des faits historiques.

Par exemple, dans la suite des leçons d'histoire de France, montrer d'une part, la royauté dans sa lutte contre la féodalité constituer peu à peu l'unité *territoriale* et *administrative*, pour aboutir au pouvoir absolu avec Louis XIV, puis à la Révolution; d'autre part, le peuple prenant conscience de sa force et de son droit, et marchant des communes à la Révolution; cette marche en avant s'accentue, malgré le recul à constater à certaines époques. — Après la Révolution, essais de diverses formes de gouvernement qui aboutissent à l'établissement de la République.

Étudier aussi, dans les grandes lignes, les progrès de nos mœurs, de nos institutions.

Rattacher chaque sujet au plan d'ensemble de l'histoire.

Dégager en outre l'idée principale particulière à chacun d'eux.

Dans l'étude d'un règne, par exemple, on peut procéder ainsi : État de la France à l'avènement du roi, au point de vue territorial et administratif; sa situation vis-à-vis des autres nations. — Puis les faits du règne à l'intérieur et à l'extérieur. — Ensuite : État de la France à la fin du règne; établir cet état par comparaison avec celui que l'on avait résumé au début de la leçon. — De là, déduire un jugement sur le roi, les ministres et les œuvres.

Mais ne traiter isolément que les règnes très importants. En général, étudier l'histoire non par règnes, mais par grandes périodes.

Avoir soin de ne pas se perdre dans des détails sans intérêt : par exemple dans la question des guerres sous le gouvernement personnel de Louis XIV, inutile, surtout au cours moyen, de faire connaître les noms des batailles et des traités; mais après avoir annoncé que ces guerres sont très nombreuses, développer les points suivants :

L'armée sous Louis XIV : les armes de l'époque.

Les organisateurs : Louvois, Vauban.
Les chefs principaux : Turenne, Condé.
Dire un mot de Jean Bart.

La cause principale des guerres : L'ambition de Louis XIV qui le porte à étendre de plus en plus ses États.

Le prétexte des guerres : Droits de revendications sur la couronne d'Espagne, conséquences des traités passés à l'occasion de son mariage.

Nature des guerres : Offensives et défensives aussi, car la plupart des nations voisines s'unissent pour combattre les prétentions de Louis XIV et ses empiètements même en temps de paix.

Théâtre de la guerre : Surtout en Flandre, en Franche-Comté, en Alsace, un peu sur mer. (La Flandre, la Franche-Comté appartenaient à l'Espagne.)

Faits à signaler : La défense de la Hollande (percement des digues); l'incendie du Palatinat; la mort de Turenne.

Conséquences des guerres : Les dernières guerres sont moins heureuses que les premières; mais au total, acquisition de la Franche-Comté et d'une partie de la Flandre.

Quelques conseils particuliers pour chaque leçon.

(Consulter plus haut le chapitre sur l'enseignement oral.)

Langage. — Surtout au cours moyen, surveiller l'emploi d'expressions toutes faites auxquelles se heurtent les enfants, et qui, dans les leçons d'histoire, se présentent en foule à l'esprit de la maîtresse. Ex. : chef *à la tête* des armées; *maison... d'Autriche*; *bien administrer*. Remplacer ces expressions par d'autres plus familières aux élèves, ou bien ne les employer qu'après explications.

Comparaisons. — Dans l'étude des mœurs, des coutumes, des institutions, comparer souvent *autrefois* et *aujourd'hui*; de ces comparaisons résultera plus de clarté, plus d'intérêt.

Cartes. — Pas de leçon d'histoire sans carte bien en vue des élèves. — Lorsque les enfants récitent une leçon, elles suivent également sur la carte s'il y a lieu.

Tableaux d'histoire. — Si l'on possède des tableaux d'histoire, en montrer tout en donnant les explications.

Tableaux d'histoire de France. Collection Hachette.

Histoire de France en 100 tableaux sur 100 cartons, par Lehugueur. Librairie Lahure.

Histoire contemporaine en 60 tableaux sur 60 cartons même auteur.

Les Races humaines, sept sujets. Librairie Delagrave.

Les livres d'histoire de France pour les Écoles primaires, de Cl. Augé et de M. Petit, contiennent beaucoup de gravures.

Il a paru à la librairie Flammarion des livraisons peu coûteuses contenant des tableaux d'histoire.

Interrogations. — Dans l'enseignement de l'histoire, les questions s'adressant au jugement sont difficiles et délicates à poser; bien les préparer.

Provoquer l'étonnement des enfants devant des coutumes, des mœurs, des institutions... différentes des nôtres.

Lectures. — Ne pas oublier les lectures à l'appui des leçons.

Revisions.

On peut donner aux leçons de revisions d'histoire la forme suivante, par exemple :

La France territoriale à travers l'histoire.

Les États Généraux, la Justice, l'Armée, etc., à travers l'histoire.

L'historique de la province habitée.

Nos rapports avec l'Angleterre, l'Espagne, etc., à travers l'histoire.

(Il est à souhaiter que l'on ajoute dans les Manuels d'histoire à l'usage des élèves, l'historique sommaire de nos institutions).

Nombre de leçons d'histoire,

Deux leçons par semaine sont très suffisantes.

Proposition relative à l'enseignement de l'histoire et de l'instruction civique au cours moyen et au cours supérieur.

Il serait avantageux de répartir l'enseignement de l'histoire de France et de l'instruction civique de la façon suivante :

Dès le début de l'année, étude de l'instruction civique, dans l'ordre indiqué au chapitre *Instruction civique*. (Voir plus loin.)

Mais, à chacune des questions traitées, on ajouterait l'*historique*; les principaux points précédemment énumérés comme revisions d'histoire se trouveraient ainsi développés.

Puis, étude de l'histoire de France par grandes périodes et par règnes très importants. La connaissance du développement progressif de chacune de nos institutions en particulier permettrait aux enfants de suivre plus intelligemment la marche générale de l'histoire.

Les tableaux de chacune de ces périodes constitueraient des revisions.

Livres à consulter.

Biographies des hommes illustres, par Blanchet.
Histoire générale, à l'usage des candidats au certificat d'études, par Lavisse.
Dictionnaire général de biographie, d'histoire, de géographie ancienne et moderne, par Ch. Dezobry et Bachelet.
Histoire de la civilisation, par Crozals.
Histoire de la civilisation française, par Rambaud.
Petite histoire de la civilisation française, à l'usage des classes élémentaires, par Rambaud.
Mœurs et caractères des peuples, par Cortambert.
Choix de lectures historiques, par Lanier et Carré.
Lectures historiques, par Crozals.
L'Art, par E. Pécaut.
Les histoires de France de Blanchet, qui, à la suite de chaque chapitre, contiennent des lectures extraites des historiens.
Cours supérieur. Choix de lectures historiques, par A. Thermes et L. Bourrilly.
Lectures historiques, par M. Cazes.
(*La Chronologie par l'aspect; Histoire de France : Un tableau mural*), par F. Comte et E. Bocquillon.

Devoirs d'histoire.

(Lire : Devoirs en classe, au chapitre V.)

Voici l'indication de quelques sujets de devoirs d'histoire ; à chaque institutrice de donner aux textes une forme variée et intéressante.

Biographies. — Faire les biographies de Vercingétorix, Jeanne d'Arc, Turenne, Colbert etc.

Récits de batailles. — La bataille de Fontanet et le traité de Verdun. Raconter les batailles de Crécy, Poitiers, Valmy etc.

Périodes importantes. — Faire un devoir d'ensemble sur les croisades, les communes, la Renaissance etc.

Règnes. — Ne pas faire résumer de règnes par écrit, à moins de donner au texte du devoir une forme analogue à la suivante :

Henri IV est resté en France le roi populaire. Rappelez les actes qui lui ont valu cette popularité et la reconnaissance de la nation (Texte extrait d'un journal d'instruction primaire).

Mœurs, Coutumes, Institutions. — Demander un tableau des mœurs, des coutumes, des institutions, à une époque déterminée, ou à travers l'histoire.

PLANS D'HISTOIRE

SUITE DES LEÇONS SUR LA FÉODALITÉ

Voici à peu près l'ordre à suivre dans la suite des leçons sur la féodalité.

I. — **Un seigneur féodal et ses vassaux ; les serfs.**

a) **Le seigneur féodal.** — Commencer l'étude de la féodalité par la description d'un château féodal ;

Puis donner des détails sur le genre de vie d'un seigneur féodal :

Sur sa vie de tous les jours,

Sur ses distractions extraordinaires : visites des trouvères, des jongleurs, des pèlerins; et surtout la chasse.

b) **Les serfs.** — Décrire ensuite les habitations des serfs; leurs vêtements; leur nourriture; leur genre de vie, en faisant des comparaisons entre *autrefois* et *aujourd'hui*.

Puis énumérer les devoirs des paysans envers le seigneur : devoirs ordinaires, devoirs extraordinaires;

Et les droits du seigneur sur les paysans, tout en faisant, pour plus de clarté, des comparaisons avec un préfet et ses administrés.

c) **Les vassaux.** — Enfin, expliquer ce que sont les *vassaux d'un seul* seigneur féodal, tout en comparant avec le préfet et les sous-préfets de chaque département (Donner le nom de suzerain).

II. — Vue d'ensemble sur la société féodale.

a) **Seigneurs.** — Puis généraliser et expliquer l'ensemble des suzerains et de leurs vassaux respectifs, tout en comparant avec l'ensemble des préfets et des sous-préfets.

Parler ensuite des seigneurs principaux : *les pairs*.

b) **Peuple.** — Le peuple est formé des habitants des villes et des campagnes soumis aux seigneurs.

c) **Roi.** — Au-dessus de tous est le roi, dont la situation est analogue à celle des pairs.

Cependant, la cérémonie du *sacre* à laquelle les pairs sont obligés d'assister redonne au roi un peu de prestige.

d) **Guerres féodales.** — Caractériser les guerres nombreuses que l'histoire enregistre à l'époque de la féodalité, et résumer les efforts tentés par l'Église pour les diminuer.

III. — Définition de la féodalité.

Le tableau précédent achevé, donner le nom : féodalité.

IV. — Conséquences de la féodalité.

Étudier ensuite les conséquences du régime féodal.

V. — Origine de la féodalité.

Puis l'origine de ce régime.

a) Rappeler les bien donnés ou laissés aux guerriers à titre de récompense, tout d'abord à titre viager, puis à titre héréditaire, par suite de la faiblesse des rois.

Et montrer que l'élévation des châteaux était une mesure défensive.

b) Toujours par faiblesse, les rois accordèrent ensuite aux seigneurs des droits sur leurs serfs et leurs vassaux, d'abord à titre viager, puis à titre héréditaire.

VI. — Disparition de la féodalité.

Résumer les efforts tentés par les rois suivants pour enlever au contraire successivement aux seigneurs leurs droits et leurs biens, et pour centraliser le pouvoir.

VII. — Féodalité apanagée.

Donner l'origine de cette féodalité dangereuse aussi en expliquant qu'à partir de saint Louis, les rois donnent des provinces à leurs frères; puis en montrer la disparition.

Note. — Le régime féodal n'a pas été particulier à la France.

LES COMMUNES

I. — Notions préliminaires.

Rappeler en quelques mots ce qui a été dit sur le régime féodal en général, et sur les populations rurales et urbaines en particulier.

Résumer les conditions généralement malheureuses des serfs.

Puis expliquer la formation des villes, soit d'ancienne date, soit de date récente.

Faire apprécier la différence de condition entre les populations des villes et celles des campagnes; entre les populations du Midi et les populations du Nord.

II. — Formation des communes.

a) **Causes.** — Ces populations, encouragées par le nombre, se réunissent, se mettent en *commun* pour demander aux seigneurs d'améliorer leur sort.

b) **Demandes des populations.** — Les populations rurales demandent la liberté de laisser à leurs enfants leurs propriétés; la fixation de la taille, des redevances, etc.

Les populations urbaines réclament la régularité, la fixité, au lieu de l'arbitraire, dans la justice, la taille, etc.

Faire apprécier la justice de ces demandes.

c) **Définition de la commune.** — Puis dire le serment formé par les populations de se soutenir dans leurs réclamations; c'est ce qu'on appela *jurer la commune*.

III. — Accueil fait aux demandes des populations.

a) **Par les seigneurs.** — 1° Quelques seigneurs accueillent favorablement ces vœux, soit par suite de libertés déjà prises, comme dans le Midi ; soit par bonté ou par crainte ; soit encore par besoin d'argent, quelques seigneurs faisant payer les libertés accordées.

D'autre part, le mouvement des croisades aide à l'émancipation des communes.

2° D'autres seigneurs au contraire emploient la violence pour faire taire les réclamations.

b) **Attitude des rois.** — Les rois soutiennent les paysans afin d'amoindrir la puissance des seigneurs ; mais ils ne favorisent pas l'indépendance des communes dans leur domaine.

c) **Conséquences.** — Résumer les résultats immédiats des communes, plus heureux pour les populations urbaines que pour les populations rurales, et surtout dans le Midi.

d) **Charte.** — Expliquer ce qu'est la *Charte* par laquelle les seigneurs prenaient leurs engagements envers les communes.

e) **Date des communes.** — Les communes ne s'établissent pas toutes à la même date ; mais le mouvement d'ensemble se fait au XIIe siècle.

IV. — Organisation de la commune.

a) **Nécessité.** — Soustraites à la domination des seigneurs, les villes doivent s'organiser.

b) **Maire-échevins.** — Faire comprendre l'organisation adoptée en la comparant avec l'administration actuelle d'une commune.

Donner les noms : maire, échevins.

c) **Organisation défensive.** — Puis montrer la nécessité d'une organisation défensive pour des villes qui redoutaient encore l'intervention des seigneurs.

Dire un mot de la construction des fortifications de la ville, du beffroi et de la formation de la milice.

d) **Domaine royal.** — Dans le domaine royal, ce sont les officiers du roi qui gouvernent la commune.

V. — Conséquences des communes.

Faire comprendre les avantages des communes et dire en particulier le rôle des milices pendant les guerres.

Mais les communes forment bientôt une autre sorte de féodalité qui ne tarde pas à être dure pour les campagnes.

Et enfin montrer la disparition de l'indépendance communale à mesure que l'œuvre de la centralisation s'accentue.

COURS ÉLÉMENTAIRE

Premières divisions.

Le programme pour les premières divisions du cours élémentaire doit comporter moins de détails qu'au cours moyen. Néanmoins, pour les procédés d'enseignement, se reporter aux conseils donnés précédemment, mais se servir plus encore de tableaux, et ne pas donner de devoirs écrits à moins que le sujet n'en soit très simple.

PLAN SUR LA RÉFORME

I. — Explications préliminaires.

Dire un mot des diverses religions que les enfants peuvent connaître : judaïsme, protestantisme, catholicisme. Insister particulièrement sur le protestantisme et le catholicisme.

Et faire constater que catholiques et protestants causent, vivent ensemble sans luttes, et raisonnent entre eux au lieu de guerroyer s'ils veulent se convertir réciproquement.

II. — Origine du protestantisme.

Rappeler ensuite les origines du catholicisme et poser une question analogue à la suivante : Quand et comment s'est formé le protestantisme ?

L'expliquer sommairement puis justifier les noms : *protestantisme, protestant, luthérien.*

III. — Essais de tolérance.

MICHEL DE L'HOSPITAL ET COLIGNY

A la naissance du protestantisme, la lutte éclate violente entre les catholiques et les protestants.

Cependant, quelques-uns essayent de calmer les esprits; dire alors quelques mots du catholique Michel de l'Hospital et du protestant Coligny, tous deux tolérants; mais leurs conseils ne sont pas écoutés.

IV. — Guerres religieuses.

On en vint bientôt aux rixes continuelles, dans les villes, dans les campagnes et aussi dans les familles.

Des armées régulières s'organisent même et les guerres civiles désolent le pays pendant plusieurs règnes.

Dire en quelques mots l'attitude de la royauté pendant les guerres religieuses.

Parmi les faits, signaler la Saint-Barthélemy.

A la fin, sous le couvert d'idées religieuses, les chefs des armées ne luttent plus que pour des motifs ambitieux personnels.

V. — Fin des guerres religieuses.

L'édit de Nantes accordé par Henri IV fait cesser les guerres religieuses; mais cet édit laisse aux protestants une indépendance politique que Richelieu leur enlève plus tard.

NOTE. — Les guerres religieuses de cette époque ne sont point particulières à la France.

COURS ÉLÉMENTAIRE (DERNIÈRES DIVISIONS) ET SECTION ENFANTINE

Conseils généraux.

Ne donner que de très rares leçons d'histoire aux enfants de la section enfantine.

Dans les dernières divisions du cours élémentaire, ne plus enseigner les idées générales, les élèves ne les saisiraient pas; se contenter de biographies, de faits isolés importants...

Pendant les leçons, se servir presque continuellement de tableaux d'histoire (en voir plus haut la liste). Montrer aussi, par exemple, l'image en carton d'une façade de château féodal avec un pont-levis.

Même dans les dernières divisions du cours élémentaire, mieux vaut je crois ne pas se servir de cartes ou bien faire apprécier la situation d'une ville, d'une contrée, en comparant la distance qui les sépare du pays où l'on est, avec la distance qui sépare ce pays d'une ville connue par les enfants.

Donner approximativement les dates en procédant de la façon suivante : « Ceci se passait, il y a cent ans... plus de deux fois, trois fois cent ans... du temps du grand-père de votre grand-père. »

Consulter pour le choix des leçons aux dernières divisions du cours élémentaire la liste suivante que l'on modifiera suivant les élèves auxquelles on s'adresse :

Gaule.
Mœurs des Gaulois.
Conquête romaine.
Révolte des Gaulois (Sabinus et Eponine).
Le christianisme en Gaule.
Les Huns, — Attila.
Notions sur les Francs.
Clovis.
Brunehaut et Frédégonde.
Rois fainéants et maires du palais.
Charles-Martel.
Charlemagne.
Louis le Débonnaire : — bataille de Fontanet, — traité de Verdun.
Les Normands.
Le château du seigneur féodal.
La vie d'un seigneur féodal.
Les paysans au temps de la féodalité.

Les guerres féodales.
La chevalerie.
Les croisades.
Les communes.
Bataille de Bouvines.
Saint Louis.
Guerre de Cent ans : bataille de Crécy, — siège de Calais, — bataille de Poitiers, — d'Azincourt, — histoire du grand Ferré, — Duguesclin, — Jeanne d'Arc.
Bataille de Marignan.
Bayard.
L'imprimerie.
Christophe Colomb.
La Saint-Barthélemy : — Michel de l'Hospital, — Coligny.
Henri IV, — Sully.
Richelieu.
La cour de Louis XIV.
Le 14 juillet 1789, — la nuit du 4 août.
Massacres de septembre, — la mort de Louis XVI.
La patrie en danger : — bataille de Valmy.
Bara, — Viala.
Campagne de Russie.
Waterloo.
Guerre de 1870 : Metz, — Sedan, — Paris.

Livres à consulter.

Récits et entretiens familiers d'histoire de France, par Lavisse.

(Voir la liste donnée au cours moyen et au cours supérieur.)

PLAN SUR LES GUERRES FÉODALES

a) **Explications préliminaires.** — Rappeler ce qui a été dit des seigneurs féodaux aux précédentes leçons et ajouter que ces seigneurs combattaient souvent entre eux... se faisaient la *guerre*. Pourquoi?

b) **Causes des guerres.** — L'humeur guerrière des seigneurs était cause de ces guerres ainsi que leur oisiveté et leur convoitise.

c) **Composition des armées.** — Aussitôt la guerre déclarée entre deux seigneurs, chacun d'eux préparait son armée en réunissant ses paysans et ses vassaux.

Comparer, à l'aide de tableaux, les armures et les bannières de l'époque avec les armes et le drapeau de l'armée actuelle.

d) **Manière de faire la guerre.** — Faire comprendre la nécessité pour chaque armée de s'éloigner du château pour aller surprendre l'armée ennemie.

Puis expliquer qu'étant données les armes employées, les ennemis combattaient corps à corps.

Et enfin montrer que la prudence demande au vaincu de gagner au plus vite son château et d'en fermer le pont-levis.

Attaque du château. — Mais généralement l'armée victorieuse faisait l'attaque du château.

Pour arriver à y pénétrer, il s'agissait avant tout de faire abaisser le pont-levis.

Cette opération était rendue difficile par la profondeur du fossé, et par la présence des assiégés qui par-dessus les murailles jetaient des pierres, de l'huile bouillante.

Les assiégeants comblaient le fossé à l'aide de pierres, de fagots de bois et de corps morts.

Ceux qui en particulier devaient briser les gonds du pont-levis s'abritaient contre les projectiles sous une toiture en bois.

Si le pont-levis s'abaissait, l'armée victorieuse recommençait de même l'attaque du donjon.

Conséquences. — Enfin le plus souvent le seigneur vaincu était dépouillé de ses biens et enfermé dans un cachot.

c) **Généralités sur les guerres féodales.** — Terminer en disant un mot de la fréquence des guerres féodales, de leurs tristes conséquences et des efforts de l'Église pour les diminuer.

NOTE. — Pendant toute cette leçon, tout en expliquant, montrer des images.

GÉOGRAPHIE

L'étude de la géographie permet la lecture fructueuse de bien des ouvrages.

Elle répond aussi au désir de connaître les pays autres que celui que nous habitons.

La géographie est encore d'une utilité pratique, mais à la seule condition d'être bien enseignée.

Supprimer les sèches énumérations pour laisser place à la vraie géographie descriptive, agricole, industrielle, commerciale, politique.

COURS MOYEN ET COURS SUPÉRIEUR

Sujets des leçons.

Au cours supérieur seulement, le programme comporte l'étude de la géographie générale.

Mais ne pas négliger d'en donner des notions dès le cours moyen; on en a le temps, même avec une seule leçon de géographie par semaine.

D'ailleurs, si on le juge à propos, ne *développer* dans les pays étudiés qu'un point spécial chaque année. Par exemple, après avoir donné une vue d'ensemble sur l'Afrique, détailler l'Égypte, le Nil, une année; et une autre année, le Sahara.

Donner peu de noms et peu de chiffres; cependant, apporter de la précision dans cet enseignement.

Faire des descriptions le plus possible.

Suite des leçons sur la géographie de la France.

Donner toutes les leçons sur la géographie de la France dans l'ordre suivant :

Situation de la France relative à l'Europe et au monde entier. — Orographie. — Hydrographie. — Côtes. — Climat. — Géographie des régions (région autour de Paris, région du Nord, région normande... bretonne..., etc.), puis traiter les chapitres : Agriculture, Industrie, Commerce (avec les voies de communication), chapitres qui sont en quelque sorte des revisions des régions. — Géographie politique, Frontières. — Géographie coloniale.

REMARQUE. — Ne pas oublier la géographie du département habité.

Conseils particuliers pour chaque leçon.

(Voir plus haut : *Enseignement oral.*)

Fond. — Dans toutes les leçons, bien caractériser chaque point étudié; pour cela, ne pas se perdre dans les détails.

Dans un plan sur une région, montrer l'enchaînement entre le climat, la nature du sol, le caractère des habitants et l'agriculture, l'industrie, le commerce de cette région.

A souligner aussi dans l'étude d'une nation, l'influence des colonies sur son industrie et son commerce.

Cartes. — Vues. — Suivre toujours sur la carte en faisant une leçon.

Si la carte n'est pas nette, faire un croquis au tableau

avec des craies de diverses couleurs pour l'observation des détails.

Cartes de géographie, par Vidal-Lablache. — Voir aussi les *Cartes Niox* (Delagrave).

Il a paru seize livraisons d'un *Panorama* peu coûteux contenant des vues qu'il serait bon de montrer à l'appui des descriptions de divers pays.

Comparaisons. — Comparer l'agriculture, l'industrie, le commerce d'une nation, d'une région, avec l'agriculture, l'industrie, le commerce... d'autres nations et d'autres régions.

Interrogations. — La situation d'un pays, son étendue relative à celle des autres pays, le lien, par exemple, entre la situation, l'orographie, l'hydrographie et le climat..., etc., sont autant de points que les élèves peuvent trouver elles-mêmes si la maîtresse dirige bien ses interrogations.

Lectures. — Faire des lectures en classe à l'appui des leçons; ou tout au moins les faire soi-même en préparant les leçons afin de les rendre plus intéressantes.

Récitations des leçons.

Pour les récitations des leçons de géographie, envoyer les élèves suivre sur la carte à mesure qu'elles récitent; les plus avancées suivent sur la carte muette.

Les élèves du cours supérieur peuvent faire quelques croquis au tableau tout en récitant.

Nombre de leçons.

Une leçon de géographie par semaine au cours moyen suffit pour parcourir le programme de la géographie de France, et donner des notions de géographie générale.

Donner deux leçons par semaine au cours supérieur, si on le juge à propos.

Note. — La nomenclature des départements avec leurs préfectures et sous-préfectures est longue et ennuyeuse à apprendre. — Joindre à chaque leçon de géographie donnée à étudier aux enfants un ou deux départements; elles les apprendront ainsi sans trop d'ennui.

Livres à consulter.

Lectures géographiques, par M. Cazes.
Choix de lectures de géographie, par Lanier.
La France et ses colonies, par Reclus.
Voyage aux Pyrénées, par Taine.
La géographie générale de Gasquet contient des descriptions.

DEVOIRS DE GÉOGRAPHIE

Choix des devoirs. — (Lire : *Devoirs en classe*, au chapitre V.) Au cours moyen et au cours supérieur, on peut donner à faire des devoirs écrits tels que les suivants;

Descriptions d'une montagne, d'un fleuve, etc...
Productions, industrie d'un pays par comparaison avec la France.
Étude d'une région de la France.
Trajet à parcourir dans un voyage déterminé.
Qu'est-ce qu'un fleuve navigable, un canal? Voyage par eau de telle ville à telle ville.

Devoirs de revisions. — Régions de la France, de l'Europe, du monde, que l'on voudrait habiter.

Principaux lieux de production des céréales,... de la vigne,... etc,... soit en France, soit en Europe.

REMARQUE. — Donner aux textes des devoirs une forme variée.

Cartographie. — Les croquis tracés au tableau tout en récitant les leçons sont de beaucoup les préférables. Cependant, voici quelques conseils relatifs à l'exécution des cartes sur les cahiers journaliers.

Les élèves du cours supérieur doivent accompagner tout devoir de géographie du croquis nécessaire. — Le modèle n'en sera pas au tableau noir, car à lui seul il serait une indication trop précise pour l'exécution du devoir. — A l'institutrice cependant de donner ce modèle si elle le juge à propos, ou de laisser simplement la carte de géographie sous les yeux des élèves; ou enfin de les livrer à leurs propres forces. — Dans tous les cas, des explications préliminaires sur l'exécution du croquis sont encore nécessaires.

Les élèves des dernières divisions du cours moyen ne font que des devoirs de géographie qui ne nécessitent pas absolument des croquis.

Les élèves des premières divisions peuvent accompagner leur développement d'un croquis, mais d'après modèle. — Procéder ainsi :

La maîtresse a fait au tableau noir avec des craies de diverses couleurs un modèle de la carte que les élèves doivent reproduire sur leurs cahiers : elle a tracé, en les encadrant de la figure géométrique qui les contenait, les grandes lignes du croquis, et n'a écrit que les noms principaux. — Au début de l'exercice elle fait trouver aux élèves les dimensions de la figure géométrique, et leur fait observer les grandes lignes de la carte.

Les enfants font ensuite leur carte sur leur cahier journalier. — Elles ont au moins des crayons rouges et des crayons bleus.

Ne pas oublier le titre du croquis au tableau noir et sur les cahiers.

Surveiller l'exercice. — Faire des corrections collectives pendant l'exécution de la carte, s'il y a lieu, ou simplement lorsque la carte est achevée.

Remarque. — Ne jamais isoler un croquis de détail. — Si l'on veut par exemple tracer le cours de la Seine et de ses affluents, en bien déterminer la situation en dessinant à grands traits les limites de la France.

PLANS DE GÉOGRAPHIE

ÉTUDE D'UN FLEUVE

Dans l'étude d'un fleuve et de ses affluents, on peut adopter l'ordre suivant :

I. — Explications préliminaires.

Si les élèves sont jeunes, commencer par rappeler les définitions du fleuve, de la source, etc.

II. — Généralités sur la région traversée par le fleuve et ses affluents,

Puis faire examiner sur la carte la situation de la région traversée par le fleuve à étudier et par ses affluents.

Résumer le caractère général de cette région.

III. — Généralités sur le fleuve.

Ensuite, jeter un regard d'ensemble sur la longueur, la largeur, l'allure du fleuve, et toujours en comparant avec des fleuves, des rivières connues.

IV. — Description du cours.

Entrer dans le détail du cours du fleuve :
Décrire la source.
Diviser le cours en autant de parties que le fleuve traverse de régions caractéristiques et adopter pour ces parties l'ordre suivant :
Vue d'ensemble sur la région.
Particularités du fleuve.
Villes qu'il traverse.
Décrire l'embouchure.

V. — Importance du fleuve.

Terminer en faisant ressortir l'importance du fleuve.

VI. — Affluents

Dans l'étude des affluents, suivre l'ordre suivant :
Donner le caractère général de tous les affluents, puis étudier successivement les principaux en suivant pour chacun l'ordre adopté pour le fleuve.

ÉTUDE D'UNE RÉGION DE LA FRANCE

Pour l'étude d'une région, on peut adopter le plan suivant :

I. — Explications préliminaires.

(*Nécessaires surtout dans une première leçon sur les principales régions de la France.*)

Montrer la différence entre deux régions : par exemple, entre la région où l'on vit et la région normande.

Déduire de cette comparaison la définition de la région : toute étendue de pays ayant à peu près le même climat, les mêmes productions, etc.

Nommer quelques-unes des régions de la France.

II. — Notions préliminaires sur la région étudiée.

Puis indiquer la situation, l'étendue de la région à étudier et justifier le nom s'il y a lieu.

III. — Géographie physique.

Aborder ensuite l'étude de la géographie physique de la région.

Orographie-Hydrographie. — L'orographie et l'hydrographie de la France ayant été traitées avant les régions, rappeler seulement, s'il y a lieu, le caractère des montagnes, des collines, des fleuves, des rivières qui se trouvent dans la région.

Climat. — Puis faire trouver la nature du climat.

Note. — *Décrire la nature des côtes après l'hydrographie.*

IV. — Géographie économique.

La géographie physique achevée, étudier la géographie économique dans l'ordre suivant :

Géographie agricole; géographie industrielle ; géographie commerciale.

V. — Géographie politique.

Passer ensuite à la géographie politique de la région en énumérant les départements et, s'il y a lieu, les fractions de départements qu'elle comprend ;

Et en nommant les principales villes.

VI. — Importance de la région.

Pour terminer cette étude, dire l'importance de la région par comparaison avec les régions précédemment étudiées.

ÉTUDE D'UNE NATION

Dans une leçon sur une nation on pourrait suivre un plan analogue au précédent.

Toutes les fois que cela est possible, éveiller l'intérêt des élèves dès le début de la leçon, par le rappel de quelques faits intéressants concernant cette nation.

Dans une leçon sur la Russie, par exemple, débuter en rappelant l'alliance franco-russe.

NOTE. — L'influence sur la géographie économique de l'élément : caractère d'une population, oblige souvent à dire quelques mots sur la population d'un pays avant d'aborder la géographie économique. — Il est aussi quelquefois nécessaire de dire un mot des colonies d'un pays pour en expliquer l'industrie.

Si l'on enseigne peu d'histoire générale, insister, dans les leçons de géographie, sur les mœurs et coutumes des peuples.

COURS ÉLÉMENTAIRE

Premières divisions.

Pour les leçons de géographie aux premières divisions du cours élémentaire, s'inspirer des principes et des procédés désignés pour le cours moyen.

Conserver les descriptions, mais citer moins de noms encore.

Ne donner que des devoirs de géographie qui ne nécessitent pas de croquis.

COURS ÉLÉMENTAIRE (DERNIÈRES DIVISIONS) ET SECTION ENFANTINE

Montrer beaucoup de vues aux élèves des dernières divisions du cours élémentaire et de la section enfantine pendant les exercices de géographie.

Pour faire l'étude des termes géographiques, se servir d'eau et de terre dans la cour, et montrer les *Tableaux de termes géographiques*, de Hément.

Sujets des leçons de géographie.

(A modifier, s'il y a lieu, suivant les élèves.)

Notions sur un plan.
Le lac.
L'île.

L'archipel.
La presqu'île.
Montagne, colline, plateau.
Vallée.
Fleuve, rivière, canaux.
La mer, l'océan.
Le cap.
Le golfe.
Le port.
Le détroit, l'isthme.
Falaise, grève.
Plage, dunes.
Routes.
Chemins de fer.
Montagnes ou collines de la région habitée.
Alpes.
Hymalaya.
Désert du Sahara.
Fleuves ou rivières de la région habitée.
Rhône.
Seine.
Rhin.
Danube.
Nil.
Gange.
Mississipi.
Amazone.
Etude de la géographie de la commune.
Etude très élémentaire du département.

Les zones. — (Dans chacune des zones, étudier la situation ; les caractères généraux du climat, de la flore, de la faune ; les habitants. Justifier le nom de chacune d'elles.)

A l'époque du nouvel an : étude de la forme et des mouvements de la terre.

Points cardinaux. — Faire une ou deux leçons spéciales sur les points cardinaux ; mais avoir soin d'y joindre beaucoup d'exercices pratiques, surtout dans la cour, pour apprendre aux enfants à s'orienter.

PLANS

NOTION D'UN PLAN

PLAN DE LA SALLE DE CLASSE

Soit à faire *l'image* de la salle de classe avec les tables des élèves, le bureau de la maîtresse.

A moins d'avoir un tableau noir mobile qui puisse se placer horizontalement, choisir une feuille de papier assez grande et de couleur foncée sur laquelle on tracera le plan à la craie.

I. — Le plan est plus petit que la salle.

Faire comprendre l'impossibilité de faire un dessin aussi grand que la salle.

II. — Le plan est proportionné.

Nécessité de la proportion. — Tracer un rectangle dont les rapports des dimensions soient très différents des rapports réels du rectangle de base de la salle de classe ; et faire comprendre l'erreur.

Choix de la proportion. — Mesurer alors la salle avec

un mètre; et prendre le dizième ou le centième du nombre obtenu.

Tracé du rectangle. — Et tracer un rectangle proportionné à celui de la salle de classe.

Tracé des détails. — Dans ce rectangle, dessiner d'autres rectangles dans des proportions exactes pour représenter les tables des élèves, le pupitre de la maîtresse. — Donner aux espaces les dimensions relatives.

Conclusion. — Faire ressortir que le plan est plus petit que le rectangle de base de la salle mais qu'il en donne une image *juste*.

III. — Le plan n'est pas en relief.

Le faire constater en comparant le plan avec la réalité.

IV. — Conclusion.

Donner le nom de *plan*.

V. — Plan suspendu.

Se placer de la façon la plus commode pour faire les tracés; mais chaque tracé partiel exécuté, replacer le papier par terre, ou le tableau horizontalement. — Puis le plan achevé, *l'élever* et montrer ce qui devient le *haut*, le *bas*; et ce qu'on doit entendre dans un plan par *haut* et *bas*.

Même ordre à suivre pour le plan de l'école entière, du village, de la ville.... Mais ajouter cette nouvelle notion : *les détails disparaissent à mesure que, dans un cadre de même dimension, on représente une plus grande étendue.* — Ainsi dans le plan de l'école, les tables de chaque salle disparaissent.

REMARQUE. — On détermine de même la place des points cardinaux sur les cartes.

ÉTUDE D'UN TERME GÉOGRAPHIQUE
LE LAC

I. — Définition.

a) **Faits d'observation.** — 1° Avec de l'eau et de la terre, imiter un lac dans la cour pour le montrer aux enfants.

2° Montrer une vue représentant un lac.

b) **Conclusion.** — Une étendue d'eau entourée de terre s'appelle lac. Écrire le mot au tableau. Le faire répéter.

II. — Détails sur les lacs en général.

a) **Eau.** — L'eau des lacs est douce, ne coule point comme celle des fleuves, et n'est pas mouvementée comme celle de la mer.

b) **Étendue et profondeur.** — Parler de l'étendue et de la profondeur variées des lacs en comparant avec des étendues, des profondeurs connues.

c) **Rives.** — Décrire des rives différentes : montagneuses ou plates, riantes ou sauvages, etc.

d) **Navigation.** — Et parler aussi de la navigation sur les lacs.

Note. — Ces détails sur le terme géographique étudié ont pour but de fixer la définition dans l'esprit des enfants, et aussi de rendre la leçon intéressante.

III. — Manière de lire les cartes de géographie.

Faire au tableau noir avec une craie bleue et une craie bistre le dessin du lac imité dans la cour.

Puis faire remarquer la cartographie des lacs et

demander ensuite à quelques élèves d'en trouver sur une carte.

IV. — Conclusion.

Faire redire la définition du lac.

LA MONTAGNE

I. — Définition.

a) **Faits d'observation.** — Rappeler l'aspect d'une montagne ou d'une colline de la région.

Puis montrer une vue représentant des montagnes. Et déduire le caractère d'une montagne en général.

b) **Conclusion.** — Une masse de terre, de pierres plus élevée que le terrain environnant s'appelle montagne.

Donner aussi les noms : *sommet, base.*

II. — Étude des montagnes en hauteur.

a) **Hauteur.** — Parler des hauteurs variées des montagnes en comparant avec les montagnes, les collines de la région.

Si la région est une plaine, comparer avec la hauteur des monuments connus; et alors faire la remarque suivante : les montagnes ne s'élèvent pas perpendiculairement comme un mur.

Suivant la hauteur, donner les dénominations de *colline* ou de *montagne.*

b) **Climat.** — Au bas de la montagne, le climat est celui du pays avoisinant.

A mesure que l'on s'élève, la température s'abaisse davantage.

c) **Culture.** — Au bas de la montagne, la culture est généralement la même que celle des terres avoisinantes.

A mesure que l'on s'élève on rencontre les forêts, et dans les hautes montagnes, les glaciers.

d) **Habitations.** — Puis faire remarquer ou apprendre que l'on trouve sur les flancs des montagnes des villages et des fermes isolées.

e) **Caractères particuliers.** — Les montagnes n'ont pas toutes le même aspect. Les unes sont arrondies au sommet, ou se terminent en forme de *plateaux*.

D'autres renferment des lacs, des précipices.

III. — Étude des montagnes en longueur.

a) **Longueur.** — Dire que les montagnes ont des longueurs variées en comparant avec les montagnes de la région ou avec des distances connues.

b) **Hauteur.** — Une montagne n'a pas tout au long la même hauteur.

Donner les noms : *mont, col, chaîne de montagne*.

c) **Massif.** — Décrire les *massifs*; en donner le nom, ainsi que celui de *vallée*.

IV. — Rôle des montagnes.

Énumérer les avantages et les inconvénients des montagnes.

Dire un mot des *tunnels*.

V. — Lecture des cartes.

Avec de la craie bistre, dessiner des montagnes au

tableau noir; montrer comment on les représente sur les cartes; puis en faire trouver aux élèves sur une carte.

Note. — Avec de jeunes élèves, supprimer les noms autres que montagne, chaîne de montagne, massif.

On peut suivre ce plan dans la description des Alpes, des Pyrénées, par exemple, même au cours moyen et au cours supérieur.

INSTRUCTION CIVIQUE

COURS MOYEN ET COURS SUPÉRIEUR

But de l'étude.

L'instruction civique est un chapitre de l'histoire contemporaine. Comment sommes-nous gouvernés, administrés actuellement ? Question bien légitime qu'il faut savoir provoquer chez les enfants, car il ne faut pas être ignorant de l'organisation de la société dans laquelle on vit.

Faire comprendre plutôt que faire admirer ou critiquer.

Évitez les problèmes non encore résolus, les questions troublantes, conseille-t-on souvent, et ce conseil est prudent.

Cependant, pour l'intelligence de certaines questions traitées même d'une manière élémentaire, ne faut-il point, au cours supérieur surtout, donner un aperçu du principe des diverses interprétations de ces questions.. Je crois que c'est moins en écartant ces diverses interprétations que l'on évitera de semer la division, qu'en les donnant dans un esprit large.

C'est le parti pris surtout qu'il faut écarter. Ne rencontre-t-on point dans les divers partis des gens sincères qui eux aussi raisonnent et justifient leurs opinions :

Assurément, vous n'avez pas à résoudre les problèmes difficiles; mais les envisager sous leurs divers jours, ce n'est point les résoudre.

Vous avez fait comprendre, par exemple, le mode actuel des élections législatives. Pourquoi ne parleriez-vous pas ensuite d'autres modes d'élection dont quelques hommes politiques désirent l'adoption. — Quelques mots suffisent pour cela.

Dans l'étude de la devise : liberté, égalité, fraternité, expliquez clairement et la liberté, et l'égalité; montrez-en les limites; appuyez-vous sur les principes de morale pour justifier ce que vous avancez. Au cours de ces développements, vous n'aurez résolu aucun des problèmes sociaux actuellement agités, mais vous les aurez fait entrevoir, et vous aurez donné, basés sur la morale, quelques principes directeurs qui laissent un vaste champ libre à diverses solutions.

En général, lorsque vous aurez donné des aperçus sur une question, délicate, terminez à peu près comme ceci : « C'est une de ces questions difficiles, graves, sur lesquelles des personnes instruites, réfléchies, n'ont encore pu s'accorder. »

De l'instruction civique ainsi enseignée, il résultera pour les enfants : la connaissance élémentaire de l'organisation administrative actuelle et les deux notions suivantes : 1° bien des questions politiques, administratives sont difficiles à résoudre et demandent beaucoup de connaissances, de la réflexion, de la justice; 2° les principes de morale doivent triompher en politique, en administration comme partout ailleurs. Ces deux dernières notions sont déduites avec plus de précision au cours supérieur qu'au cours moyen.

Sujets des leçons.

On peut faire les diverses leçons d'instruction civique dans l'ordre suivant :
Les différents ministères.
Les divisions administratives (Les traiter après les ministères, car on retrouve dans la commune, le canton, etc,... des représentants de ces ministères.)
La Chambre des députés. — Le Sénat.
Le Président de la République.
La devise républicaine.
Quelques-uns des articles du droit usuel les plus en usage.

Livres à consulter.

Cours complet d'instruction civique conforme au programme des Écoles normales, par Compayré.
La première année d'instruction morale et civique (Notions de droit et d'économie politique), par P. Laloi. — Dans ce dernier livre, on trouvera quelques lectures à faire à l'appui des leçons.
Leçons de droit à ma fille, par Périer.

Conseils particuliers.

Comparer nos institutions actuelles avec celles d'autrefois.
Et avec celles de quelques nations voisines.
A l'appui d'explications sur un vote, faire faire en classe un vote par les enfants. Leur demander, par exemple, de choisir un chef parmi elles.

Nombre de leçons.

Faire une leçon d'instruction civique par semaine.

Devoirs écrits.

Lire : *Devoirs en classe*, au chapitre V.

Donner à faire des devoirs simples dans le genre de ceux-ci :

Le maire. — Le député....

Un malfaiteur a commis telle faute (la préciser); à quel tribunal va-t-il paraître? Comment va-t-on procéder pour le juger?

Le soldat : recrutement, devoirs, etc.

Consulter la liste des leçons du cours élémentaire. (Voir plus loin.)

Peut-être, au cours supérieur, pourrait-on donner un devoir dans le genre de celui-ci : A l'aide d'exemples, expliquez les mots liberté,... égalité,... fraternité.

PLANS D'INSTRUCTION CIVIQUE

ÉTUDE D'UN MINISTÈRE : MINISTÈRE DE L'AGRICULTURE

On peut établir dans l'ordre suivant les principaux points à étudier sur le ministère de l'agriculture.

I. — Notions préliminaires sur l'agriculture.

En partant d'exemples, définir l'agriculture.

Et prouver l'importance de l'agriculture, pour les individus, pour les nations.

II. — Moyens pris pour développer l'agriculture.

Dans ce sous-paragraphe, traiter les points suivants :
Nécessité des écoles d'agriculture.
Fermes modèles.
Concours agricoles.

III. — Administration.

Montrer l'utilité d'un ministère de l'agriculture.
Et en déduire les attributions du ministre.

IV. — Conclusion.

Résumer la leçon et ajouter un mot du développement de l'agriculture dans quelques pays autres que la France.

PLAN SUR UNE DIVISION ADMINISTRATIVE

LE CANTON

I. — Définition.

a) **Notions préliminaires.** — Redire un mot du territoire, du chef-lieu communal et de l'administration de la commune.

b) **Représentation cartographique d'un canton.** — Cette représentation est nécessaire surtout pour éviter la confusion entre le canton et le chef-lieu de canton.

Représentation d'un seul canton et des communes qu'il comprend (Les circonférences représentent les chefs-lieux communaux. La circonférence avec un point au centre représente le chef-lieu cantonal).

Représentation de plusieurs cantons. Diviser l'un d'eux seulement en communes.

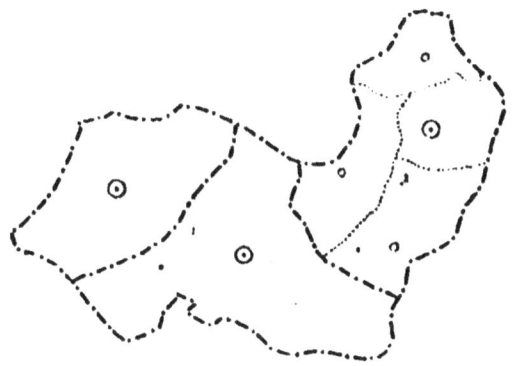

Remarque. — Faire nommer les communes du canton que l'on habite puis les cantons voisins.

c) **Conclusion.** — Donner la définition du canton.

Puis faire remarquer que la division en cantons est une division conventionnelle.

II. — Administration du canton.

a) **Communes.** — Chaque commune du canton est administrée comme il a été dit dans les leçons sur la commune.

b) **Fonctionnaires spéciaux au canton. Centralisation.**
— Pour traiter ce paragraphe, rappeler les différents ministères et dire s'ils sont représentés dans chaque canton par un fonctionnaire spécial, ou s'ils sont caractérisés par un acte de centralisation.

Ministère de l'instruction publique. C'est devant une même commission que se présentent les écoliers du canton pour passer l'examen du certificat d'études.

Le ministère de la justice est représenté dans le canton par le juge de paix.

Le ministère des finances est représenté par le percepteur.

Le ministère des travaux publics est représenté par l'agent voyer cantonal.

Ministère de la guerre. C'est devant une même commission que se présentent tous les conscrits du canton.

III. — Chef-lieu de canton.

Montrer la nécessité de ce chef-lieu, car les fonctionnaires spéciaux dont il vient d'être parlé doivent résider dans une ville déterminée du canton, et les actes de centralisation se passer dans cette même ville.

La ville choisie est souvent la plus au centre du canton, ou encore la plus importante.

Faire remarquer cependant que le chef-lieu de canton n'est pas toujours la ville la plus importante ni la plus centrale.

Donner le nom de chef-lieu de canton en le justifiant.

Puis comparer le chef-lieu de canton et le canton.

(C'est en traitant ce paragraphe que l'on indique les chefs-lieux de canton par des circonférences dans les tracés faits au tableau.)

IV. — Conclusion.

Dire le nombre moyen de cantons dans un arrondissement, dans un département.

Donner l'historique de la division en cantons.

Dire un mot des divisions administratives dans quelques pays autres que la France.

COURS ÉLÉMENTAIRE

Ne donner des leçons d'instruction civique que dans les premières divisions du cours élémentaire; et encore ne développer que quelques points de détails tels que ceux qui sont indiqués dans la liste suivante.

Liste de leçons.

Les écoles de l'enseignement primaire.
Les écoles de l'enseignement secondaire.
Les inspecteurs de l'instruction publique.
Les musées.
Les concours agricoles, — les fermes-modèles.
Les écoles industrielles, — les expositions.
L'octroi, — les douanes.
Les lettres, — les dépêches.
Le soldat.
Un malfaiteur a commis une faute déterminée. — Tribunal devant lequel il comparaît.
Le maire. — Le sous-préfet. — Le préfet.
Les députés. — Les sénateurs. — Le Président de la République.

Ne pas donner de devoirs d'instruction civique à faire au cours élémentaire.

PLAN : LE SOLDAT

Dans une leçon sur le *soldat* par exemple, donner tout d'abord des *notions préliminaires sur l'armée*. Puis traiter les points suivants :

Recrutement des soldats.

Notions sur l'infanterie, la cavalerie, le génie, l'intendance.

Devoirs du soldat.

ARITHMÉTIQUE

Il est nécessaire d'apprendre les opérations, les divers problèmes dont l'application est d'un usage courant dans la vie pratique.

La rigoureuse précision des termes et du raisonnement, nécessaire même dans l'arithmétique élémentaire, n'est pas sans influence sur le développement de l'esprit.

SECTION ENFANTINE

A. — Dans la section enfantine, apprendre aux plus jeunes la suite des premiers nombres.

REMARQUE. — Faire dire septante pour soixante-dix; nonante pour quatre-vingt-dix; les expressions septante et nonante étant plus faciles.

B. — Ajouter, pour les enfants de force moyenne, la lecture, l'écriture des nombres et de simples opérations.

Ces opérations ne se font qu'à l'aide d'objets.

C. — Le matériel nécessaire à l'enseignement de l'arithmétique dans la section enfantine se compose de lattes ou de bûchettes (baguettes de jonc coupées en morceaux égaux), de chiffres collés sur cartons ou sur cubes (Voir *Matériel nécessaire à l'enseignement de la lecture*), de haricots, de pierres, etc.

Marche à suivre dans l'étude d'un nombre.

EXEMPLE : ÉTUDE DU NOMBRE 7.

On a auparavant traité les nombres : 1, 2, 3, 4, 5, 6.

Nom du nombre. — Pour apprendre le mot sept, procéder ainsi :

Tenir sept bûchettes à la main, les faire compter : un, deux, trois, quatre, cinq, six; faire remarquer la septième bûchette; dire que six plus un se nomme sept.

Faire répéter le nom aux enfants.

Ensuite en montrer l'*image* en faisant un 7 en lattes puis en se servant de chiffres collés sur carton.

Et enfin écrire au tableau noir I I I I I I I puis 7 et enfin 7.

Exercices pratiques. — Faire compter 7 haricots, 7 cailloux, etc.

Distribuer différents chiffres soit sur cartons, soit sur cubes et faire placer les 7 à part.

Faire écrire des 7.

Exercices d'addition sur le nombre 7. — Donner 3 bûchettes à une enfant, 4 à une autre; puis les réunir et faire compter le total sur les bûchettes.

Répéter une série d'exercices semblables.

Exercices de soustraction. — Donner 7 haricots à une enfant; puis lui en enlever 2. Faire calculer le reste sur les haricots.

Exercices de multiplication. — On pourrait faire des exercices de multiplication avec des nombres tels que le nombre 6, en donnant par exemple 3 cailloux à une enfant, 3 à une autre et en faisant remarquer que deux fois 3 font 6.

Exercices de division. — On a 7 bûchettes, en donner 2 à chaque enfant; à combien peut-on en donner?

Faire la distribution : II, II, II et faire remarquer qu'après avoir servi 3 élèves il reste une bûchette.

D. — Pour les plus grandes élèves de la section enfantine, se reporter à *Cours élémentaire*.

COURS ÉLÉMENTAIRE

Consulter le programme d'arithmétique du cours élémentaire.

Pas de leçon spéciale sur la numération. Mener de front les notions sur la numération avec les premiers exercices d'addition. (Voir le plan.)

Employer encore au cours élémentaire les expressions *septante* et *nonante*.

Justifier autant que possible les règles des opérations. Dans les explications, se servir d'objets : bûchettes, haricots, etc.

Avoir en classe, et toutes groupées, des dizaines de bûchettes, des centaines formées de dizaines, et au moins un mille formé de centaines.

Avoir aussi des dizièmes, peut-être même des centièmes dans des boîtes. Les préparer en coupant la longueur choisie comme unité de bûchettes en 10.... 100 parties égales.

Déduire toujours d'un exemple une règle d'arithmétique.

Faire suivre chaque leçon de nombreux exercices pratiques et n'aborder une nouvelle difficulté que lorsque ces exercices sont satisfaisants.

NOTIONS SUR LA NUMÉRATION

ET

SUITE DES EXERCICES SUR L'ADDITION

I. — Addition de nombres dont le total est inférieur à 10.

a) **Notion de l'unité.** — Donner la notion de l'unité en partant d'exemples différents : 3 poires, 3 crayons, 3 élèves ; puis, par des questions, s'assurer que les enfants ont compris.

Faire redire, écrire, lire les neuf premiers nombres.

b) **Exercices d'addition avec des objets.** — 1° *Compter tous les objets en mains.* — Tenir 4 bûchettes dans une main, 3 dans l'autre. Les compter séparément. Puis les réunir, faire recompter le tout, et conclure : 4 et 3 font 7. Recommencer l'exercice avec des cailloux, des haricots, etc.

2° *Ne compter que les objets contenus dans une main.* — Tenir par exemple : 5 bûchettes dans une main et 3 dans l'autre, et dire : Combien font 5 bûchettes et 3 bûchettes ? Pour le trouver, ne recomptons pas celles de cette main (la désigner) ; il y en a 5, nous le savons. Contentons-nous d'y ajouter successivement les 3 autres ; cinq et un, six ; six et un, sept ; sept et un, huit ; 5 et 3 font 8.

Faire d'autres exercices analogues au précédent.

3° *Supprimer les bûchettes contenues dans une main pour compter sur les doigts.* — Employer le même procédé que précédemment en remplaçant les 3 bûchettes par 3 doigts. Puis on arrive à ne plus employer de bûchettes, et à ne compter que sur les doigts.

c) **Exercices sur des objets que l'on ne peut pas tenir, mais que l'on voit.** — Les tables de la classe, les tableaux, par exemple. Compter sur les doigts.

d) **Exercices sur des objets que l'on ne voit pas.** — Oranges, pommes, marrons etc. Compter sur les doigts. Puis à la suite des exercices précédents, passer aux notions suivantes.

e) **Disposition de l'opération. De la solution.** — 1° *Opération*. Soit par exemple à additionner 6 et 3.

Disposition des bûchettes sur une table inclinée.

Disposer des bûchettes et une règle dans l'ordre indiqué par la figure ci-contre :

$$\frac{\begin{array}{r}//////\\///\end{array}}{////////}$$

Disposition au tableau noir. — Disposer ensuite l'opération au tableau noir de la façon suivante :

$$\frac{\begin{array}{r}//////\\///\end{array}}{////////} \qquad \frac{\begin{array}{r}6\\3\end{array}}{9}$$

2° *Solution.* — Enseigner les signes en écrivant successivement au tableau :

6 plus 3 font 9
6 plus 3 égalent 9. Justifier le mot *égalent*.
6+3 = 9

f) **Définitions.** — Enfin faire connaître les termes : *total, addition*. (Jusque là le mot *ajouter* remplace le mot *additionner*.)

— 199 —

REMARQUE. — Montrer, par des exemples, que l'on ne peut additionner que des nombres de même espèce.

II. — Addition de dizaines et d'unités.

a) **Notions sur les dizaines.** —1° *Définition*. — Comme toujours, donner la définition en partant d'exemples, et s'assurer par des questions que les élèves ont compris.

2° *Numération parlée des dizaines*. — Faire redire aux enfants le nom des dizaines : vingt, trente, quarante, etc., et les nombres intercalés entre chacune d'elles.

3° *Numération écrite*. — Indiquer, par rapport aux unités, le rang auquel s'écrivent les dizaines.

Soit à écrire 2 dizaines 4 bûchettes ; les disposer sur la table inclinée dans l'ordre voulu, puis écrire au tableau |o| |o| | | | | et à côté 24.

Puis apprendre à remplacer par un zéro les unités absentes : 20-40.

b) **Addition de dizaines seules.** — Soit à additionner 4 dizaines de bûchettes et 3 dizaines de bûchettes.

Faire d'abord l'exercice oral.

Puis disposer l'opération sur une table.

Et enfin écrire au tableau noir :

|o| |o| |o| |o| 4
        |o| |o| |o| 3
_____   ___
|o| |o| |o| |o| |o| |o| |o| 7

c) **Addition de dizaines et d'unités.** — Soit à additionner :

5 dizaines de bûchettes   3 bûchettes
et 4 .   »   »   2   »

Faire d'abord deux opérations :

|o||o||o||o||o| 5 ||| 3
    |o||o||o||o| +   4 || +   2
―――――――――――――――――   ―   ――――   ―
|o||o||o||o||o||o||o||o||o| 9 ||||| 5

Puis une seule :

|o||o||o||o||o ||| 53
    |o||o||o||o| || +   42
―――――――――――――――――――――――――   ――――
|o||o||o||o||o||o||o||o||o|| |||| 95

Remarque. — Faire constater que l'on commence toujours par additionner les unités, puis faire déduire la règle de l'addition.

L'exercice achevé, faire lire le total sans décomposer en dizaines et en unités.

Faire suivre cette leçon de nombreux exercices pratiques.

III. — Addition de nombres composés de centaines.

Même plan que précédemment.

IV. — Addition de nombres décimaux.

On peut, si l'on veut, faire suivre immédiatement l'addition des nombres entiers de l'addition des nombres décimaux.

A l'aide des bûchettes, l'addition des nombres décimaux n'est pas une difficulté, et elle varie les exercices d'addition.

On procède pour les dizièmes, les centièmes, de la même façon que pour les dizaines, centaines, etc...

Donner la notion de la virgule. Dans la disposition

des opérations sur la table, on représente la virgule par un morceau de laine ou de papier de couleur.

V. — Addition avec retenues.

On peut faire comprendre l'addition avec retenues de la façon suivante :

a) **Addition de nombres composés de dizaines et d'unités.** — Soit à additionner :

   5 dizaines de bûchettes 7 bûchettes
 et 1 » » 8 »

Sur la table, disposer les dizaines de bûchettes et les bûchettes comme il a été dit plus haut — et faire l'addition comme d'habitude :

|o| |o| |o| |o| |o| |||||||
    |o| ||||||||
―――――――――――――――――――
|o| |o| |o| |o| |o| |o| |||||||||||||||

Faire remarquer que dans les quinze bûchettes obtenues par l'addition des unités, on pourrait former une dizaine. — Enlever 10 bûchettes, en faire une dizaine que l'on reporte au-dessus des autres, et ajouter une dizaine de plus au total.

Disposer l'opération au tableau noir ainsi que l'indique la figure ci-contre :

  |o| 1
|o| |o| |o| |o| |o| | ||||| 57
   |o| |||||||| 18
――――――――――――――――――
|o| |o| |o| |o| |o| |o| |o| ||||||||| ||||| 75

Exercices pratiques.

b) **Addition de nombres composés de centaines, de dizaines et d'unités.**

Suivre le même plan que précédemment, et enfin déduire la règle générale de l'addition des nombres avec retenue.

PREMIÈRES LEÇONS SUR LA SOUSTRACTION

I. — Nécessité de l'opération.

Soit à enlever 5 bûchettes de 8 bûchettes. — Faire l'exercice sur les bûchettes elles-mêmes.

Puis formuler un problème analogue au précédent, mais avec de grands nombres, et conclure que pour trouver le reste il est trop long de compter sur les bûchettes.

Comment faut-il opérer?

II. — Moyen pratique de retrancher deux nombres.

a) Compter le reste sur les bûchettes. — Reprendre le premier exemple. Tenir dans une main 8 bûchettes; les compter, en enlever 5, et compter les 3 bûchettes qui restent. Quand on a enlevé 5 bûchettes de 8 il en reste 3.

Faire d'autres exercices semblables avec des haricots, des cailloux, etc.

b) Compter le reste sur les doigts. — Tenir 6 bûchettes; en enlever 4.

Placer les bûchettes qui restent sur une table sans les *compter*; puis calculer le reste en comptant sur les doigts de la manière suivante :

Tenir dans une main les 4 bûchettes enlevées et dire : il manque la cinquième, lever un doigt; la sixième, lever un deuxième doigt. Compter les doigts levés : 2 est le nombre des bûchettes que nous avons laissées. Constater qu'en effet il en reste 2 sur la table.

c) *Conclusion*. — De ce qui précède, déduire le moyen pratique de trouver un reste : compter depuis le plus petit nombre jusqu'au plus grand; le nombre d'unités intermédiaires est le reste.

d) *Exercices pratiques*. — Faire trouver des restes.

Dans les exercices précédents, employer d'abord l'expression *enlever*, puis l'expression *soustraire*.

III. — Remarques sur la soustraction.

A l'aide d'exemples, montrer qu'on ne peut soustraire qu'un petit nombre d'un grand et des unités de même espèce.

IV. — Disposition de l'opération et de la solution.

Soit à soustraire par exemple 3 de 5, disposer ainsi l'opération sur une table inclinée, puis écrire au tableau noir :

```
/////        5
 ///         3
  //         2
```

Enfin, enseigner les signes de la soustraction en écrivant successivement au tableau :

5 moins 3 égalent 2. Justifier le mot égalent.
5 — 3 = 2

V. — Définitions.

Définir la soustraction, le grand nombre, le petit nombre, le reste.

VI. — Problèmes donnant lieu à une soustraction.

Excès. — Montrer encore à l'aide d'exemples que dans les problèmes où l'on cherche un excès, on peut encore trouver le résultat en comptant depuis le plus petit nombre jusqu'au plus grand toutes les unités.

On opère de même pour trouver la *différence*, le *déficit*.

Remarque. — Ne traiter ce dernier point qu'avec les élèves les plus avancées.

EXERCICES PRATIQUES D'ARITHMÉTIQUE

I. — Lecture et écriture des nombres.

Faire souvent lire et écrire des nombres.

Lorsque les enfants ont fait une opération, ne jamais omettre d'en faire lire le résultat.

Le procédé La Martinière indiqué au chapitre Orthographe convient aussi aux exercices d'écriture des nombres.

II. — Calcul mental.

Même pendant les corrections de problème, faire trouver les résultats au moyen du calcul mental et non du calcul écrit toutes les fois que cela est possible. De plus, assigner une place dans l'emploi du temps aux exercices de calcul mental.

Dans ces exercices, suivre l'ordre des leçons d'arithmétique, des problèmes... Ne pas donner par exemple des exercices oraux sur la soustraction, si cette opération n'a encore pas été étudiée.

Livre à consulter. — Pour les procédés de calcul mental, consulter : *Le manuel d'arithmétique*, par Barreau et Lelarge.

Manière de faire l'exercice. — On peut procéder de la manière suivante dans les exercices de calcul mental :

Soit à additionner 95 et 45.

Établir nettement la marche à suivre tout en écrivant au tableau :

$$100 + 45 = 145$$
$$145 - 5 = 140$$

Faire suivre cette explication d'une série d'exercices du même genre, purement oraux.

Conduire les exercices avec vivacité. Au cours de la leçon, pour en rompre la monotonie, faire opérer une ou deux fois seulement sur des nombres concrets, mais en général le faire sur des nombres abstraits.

III. — Problèmes.

a) **Principes**. — Graduer les difficultés, et suivre le cours d'arithmétique et de système métrique.

Ne pas donner des problèmes difficiles. A partir du moment où les enfants sauront vraiment réfléchir, elles trouveront presque d'elles-mêmes des problèmes qui, plus tôt, malgré bien des explications, demeureraient beaucoup trop abstraits.

Faire porter le sujet des problèmes sur des questions familières aux enfants : achats de fruits, de rubans, économies d'enfants, surface de la cour de l'école, etc.

b) **Suite des problèmes**. — Problèmes sur l'addition *sans retenue*.

Addition de 2 nombres entiers.

Addition de 3, 4, 5 nombres entiers.

Addition de nombres ayant un nombre de chiffres différents :

$$\text{Ex. . } 342 + 21 + 112 + 4$$

Addition de nombres dans lesquels des zéros sont intercalés.

$$\text{Ex. : } 302 + 21 + 100$$

Addition de nombres décimaux si la question a été traitée.

Addition *avec retenues*. — Même ordre à suivre que plus haut.

Graduer de la même façon les problèmes sur la soustraction, la multiplication, la division.

Pour combattre l'oubli, revenir parfois sur les genres de problèmes précédemment étudiés.

Aux plus grandes élèves, donner des problèmes nécessitant deux opérations.

c) **Manière de faire les problèmes.** — 1° *Exercices oraux*. — Tout problème renfermant une nouvelle difficulté non encore franchie par les enfants doit être expliqué au préalable par la maîtresse.

EXEMPLE. — Soit à aborder pour la première fois le genre de problème suivant :

Une maman a acheté 3 poules à 2 francs chacune, et 5 pigeons à 1 franc pièce. Combien a-t-elle dépensé en tout ?

La maîtresse est devant sa classe, au tableau noir, où la question est écrite tout au long.

Elle part dans ses explications de la nécessité de la *dernière* opération, faisant comprendre que si l'on avait le prix total des poules et le prix total des pigeons, on n'aurait qu'à additionner pour avoir la dépense totale.

Il faut donc chercher d'une part le prix total des

poules, et d'autre part le prix total des pigeons; puis faire l'addition de ces deux totaux.

Procéder par interrogations dans toutes ces explications.

Faire suivre les explications préliminaires sur une difficulté de nombreux exercices pratiques. N'en aborder une nouvelle que lorsque ces exercices sont satisfaisants.

2° *Exercices sur les cahiers brouillons ou sur l'ardoise.* — Les premiers exercices écrits sont faits sur le cahier brouillon ou sur l'ardoise (Ces cahiers brouillons sont des cahiers uniquement destinés à remplacer l'ardoise).

Procéder de la façon suivante pour faire traiter le problème :

Faire lire la question qui est écrite au tableau noir, redonner les explications préliminaires que l'on juge nécessaires, puis faire prendre les ardoises ou les cahiers sur lesquels les élèves ne feront que les opérations.

Contrôler le travail, et passer à la correction orale collective.

Pour faire cette correction, donner des explications en procédant comme il a été dit plus haut; mais en ajoutant alors quelques observations individuelles sur les devoirs des enfants. Quelquefois même ces observations sont le point de départ des explications.

Enfin, faire effectuer les opérations au tableau noir par une élève. Faire établir les opérations d'une part, les solutions de l'autre, avec beaucoup d'ordre. Exiger un raisonnement précis sur chacune des opérations.

REMARQUES. — Éviter de mettre les raisonnements au futur comme les enfants le font trop souvent.

En particulier, dans la solution d'une multiplication,

habituer les élèves à écrire les facteurs dans l'ordre qui convient.

Employer quelquefois le procédé *La Martinière* indiqué au chapitre Orthographe. Les enfants ne montrent alors que la réponse des problèmes.

3º *Exercices sur le cahier journalier.* — Au cours élémentaire, les élèves les plus avancées seules font des problèmes sur le cahier journalier.

Faire faire un problème seulement par semaine sur ce cahier, car la bonne disposition d'un tel devoir demande beaucoup de temps aux enfants.

La difficulté renfermée dans le problème à faire sur le cahier journalier est la même que celle qui a été étudiée aux exercices précédemment faits sur l'ardoise.

Procéder à l'exécution du problème sur le cahier journalier de la manière suivante :

Faire lire par les élèves le problème qui a été écrit au tableau noir avant la classe; donner les explications préliminaires nécessaires, puis faire commencer le devoir.

Exiger que les élèves fassent les opérations sur l'ardoise avant de mettre le problème au net.

Faire disposer un problème de la façon suivante sur le cahier :

Faire écrire la question tout au long et la réponse immédiatement au-dessous.

Au-dessous de la réponse, faire diviser la page en trois colonnes : l'une plus large, pour le raisonnement, dont chaque partie est suivie de l'indication des opérations à effectuer; et les deux autres plus étroites, destinées l'une aux opérations et l'autre à la correction.

Pendant l'exécution du problème, circuler entre les tables et venir en aide aux élèves inhabiles.

Le problème achevé, en faire immédiatement la correction orale collective.

Pour la manière de faire cette correction, se reporter aux exercices oraux.

L'exercice achevé, les enfants copient dans la colonne *correction*, les solutions exactes écrites au tableau noir (seulement les solutions, c'est-à-dire l'indication des opérations et leur résultat).

REMARQUE. — Pour faciliter le travail aux plus jeunes, surtout au début de l'année, procéder ainsi :

Lorsque les élèves ont achevé leurs opérations sur l'ardoise, faire formuler les raisonnements à l'aide de questions, les écrire au tableau, puis les leur faire copier sur le cahier.

d) **Nombre d'exercices par semaine.** — Des exercices d'arithmétique tous les jours.

COURS MOYEN ET COURS SUPÉRIEUR

Voir le programme du cours moyen et celui du cours supérieur. Les élèves du cours moyen peuvent déjà comprendre quelques théorèmes simples relatifs aux quatre opérations.

Enseigner, surtout au cours supérieur, les notions de *comptabilité* qui présentent des applications courantes dans la vie pratique.

S'inspirer, pour les leçons et les exercices pratiques, des principes, des procédés indiqués pour le cours élémentaire. Mais avoir soin de mettre plus de précision rigoureuse dans les démonstrations, surtout au cours supérieur.

Causeries de Pédagogie pratique.

Nombre d'exercices.

Faire une leçon d'arithmétique par semaine.

Mieux vaut ne pas donner d'exercices d'arithmétique, surtout au cours moyen, comme devoirs à la maison, et les faire exécuter tous en classe.

Faire en moyenne trois fois par semaine des exercices d'arithmétique. Faire les deux premières fois du calcul mental et des exercices sur l'ardoise, et la troisième fois faire un problème sur le cahier journalier.

REMARQUE. — Revenir souvent, surtout au cours moyen, sur des exercices spéciaux de lecture et d'écriture des nombres, bien que l'occasion d'en faire se rencontre au cours des problèmes.

Classification des problèmes.

On peut classer ainsi les divers genres de problèmes que les élèves du cours moyen et du cours supérieur doivent apprendre à résoudre.

Problèmes sur les quatre opérations.

Problèmes sur les nombres complexes.

Composition d'un journal de recettes et de dépenses.

Problèmes sur les *mesures de longueur*. — Étant donné le prix d'un mètre d'étoffe, trouver le prix d'une longueur de plusieurs mètres, et d'une longueur inférieure à un mètre.

Calculer une longueur étant donnés un prix total et le prix d'une unité.

Problèmes sur les *mesures de surface*. — Évaluer une surface connaissant les dimensions. La surface peut avoir la forme d'un rectangle, d'un carré, d'un triangle, etc.

Trouver le périmètre d'une surface (chercher la longueur nécessaire à la bordure d'un tapis par exemple).

Calculer combien de fois une surface contient une autre surface (chercher le nombre de carrés nécessaires pour carreler une salle par exemple).

Étant données une surface et l'une de ses dimensions, trouver l'autre.

Trouver la longueur de la tapisserie nécessaire pour tapisser une pièce dont les dimensions sont données.

Problèmes sur les *mesures de volumes*. — Évaluer le volume d'un parallélipipède dont les dimensions sont données.

Rechercher le prix d'une maçonnerie d'un volume déterminé.

Étant donnés le produit de deux dimensions et le volume, trouver la troisième dimension.

Exprimer des mesures de volume en mesures de bois de chauffage.

Problèmes sur les *mesures de capacité*. — Étant donné le prix d'une mesure, trouver le prix d'une mesure supérieure ou d'une mesure inférieure.

Calculer un volume étant donnés un prix total et le prix d'une mesure de capacité.

Exprimer des mesures de volume en mesures de capacité.

Problèmes sur les *mesures de monnaies*. — Évaluer le poids d'une somme connaissant sa valeur.

Évaluer la valeur d'une somme connaissant son poids.

Calculer le titre d'un alliage étant donnés le poids total et le poids de la matière précieuse.

Problèmes sur les *mesures de poids*. — Étant donné le prix d'une mesure, évaluer le prix d'une mesure supérieure ou d'une mesure inférieure.

Calculer un poids étant donnés un prix total et le prix d'une mesure de poids.

Problèmes sur les *fractions*. — Problèmes sur l'addition, la soustraction, la multiplication, la division des fractions.

Problèmes sur les *mélanges*. — Étant données diverses marchandises à divers prix, calculer le prix moyen.

Problèmes sur les *intérêts*. — Calculer l'intérêt d'un capital placé à un taux déterminé.

Calculer un capital connaissant le taux et l'intérêt.

REMARQUES. — Choisir, dans le classement précédent, les problèmes à la portée des élèves.

Pour combattre l'oubli, avoir soin de revenir sur les difficultés déjà franchies.

PREMIÈRE LEÇON SUR LA DIVISION

COURS MOYEN

I. — Nécessité de la division.

a) **1er exemple.** — Soit à partager 8 bûchettes entre deux élèves.

Les leur partager en enlevant chaque fois 2 bûchettes du paquet de 8 bûchettes pour en donner une à chaque élève.

Faire remarquer comment on a procédé.

Ecrire au tableau les opérations que l'on a ainsi effectuées.

$$8 - 2 = 6$$
$$6 - 2 = 4$$
$$4 - 2 = 2$$
$$2 - 2 = 0$$

On a fait une série de soustractions.

b) **2ᵉ exemple.** — Choisir un grand nombre.
Soit à partager 1.846 bûchettes entre 2 élèves.

c) **Conclusion.** — Conclure de l'exemple précédent que le procédé des soustractions successives ne peut pas être généralisé et qu'une nouvelle opération est nécessaire.

II. — Moyen pratique de diviser deux nombres d'un seul chiffre.

a) **Faits d'observation.** — 1° Reprendre le premier exemple : 8 bûchettes à partager entre deux élèves.

Faire remarquer que le nombre de bûchettes donné à chaque élève, multiplié par le nombre de parts, reproduit le nombre total. Écrire au tableau :

$$4 \times 2 = 8$$

2° Vérifier l'observation dans une série d'exercices oraux portant toujours sur une question de partage.

b) **Conclusion.** — Et conclure que pour trouver le résultat demandé, il faut chaque fois chercher le nombre qui, multiplié par le nombre de parts, redonne le nombre total.

Faire faire oralement une série d'exercices.

III. — Disposition de l'opération.

a) **Solution.** — Enseigner la manière de disposer la solution en écrivant successivement au tableau noir :

$$8 \text{ partagés en } 2 = 4$$
$$8 \text{ divisés par } 2 = 4$$
$$8 : 2 = 4$$

b) **Disposition de l'opération.** — Écrire le nombre à partager et le nombre de parts à faire sur la même ligne :

$$8 \quad 2$$

Les séparer par un trait vertical :

$$8 \mid 2$$

Puis sous le nombre de parts, tracer un trait horizontal au-dessous duquel on écrit le résultat.

$$8 \mid \frac{2}{4}$$

IV. — Définitions.

Définir les termes division, dividende, diviseur, quotient, en se servant toujours du même exemple.

V. — Reste de la division.

a) **Définition.** — En partant d'un exemple donner la définition du reste.

b) **Remarque.** — Montrer en le justifiant que le reste ne peut être supérieur, ni même égal au diviseur.

VI. — Cas dans lesquels il faut faire une division.

On peut résoudre à l'aide d'une division tous les problèmes dans lesquels on demande *combien de fois un nombre en contient un autre*, ou *combien de fois un nombre est plus grand qu'un autre*. Le prouver en montrant à l'aide d'exemples que dans ces questions, comme dans les questions de *partage* précédentes, le nombre à trouver multiplié par le plus petit nombre reproduit le plus grand.

Examiner le cas où les divisions donnent un reste.

VII. — Conclusion.

De cette étude, déduire la définition générale de la division.

SYSTÈME MÉTRIQUE

COURS ÉLÉMENTAIRE ET PREMIÈRES DIVISIONS DE LA SECTION ENFANTINE

Pas de système métrique dans les dernières divisions de la section enfantine.

Dans les premières divisions et dans les dernières divisions du cours élémentaire, ne traiter que les mesures suivantes :

   Mesures de longueur
    » de capacité
    » de poids
    » de monnaie

Aborder dans les premières divisions du cours élémentaire l'étude des mesures de surface et des mesures de volume.

Dans toutes les divisions, à chaque leçon, s'attacher surtout à *montrer* les mesures et à apprendre aux élèves à s'en servir.

Par exemple, dans l'étude des mesures de monnaie, les pièces en mains, les faire différencier; puis faire échanger des pièces contre la monnaie équivalente; faire rendre la monnaie voulue sur une pièce dont la valeur dépasse un prix déterminé.

Assurément, dans l'étude des mesures de longueur, on ne peut montrer ni la longueur d'un hectomètre, ni celle d'un kilomètre ; mais on peut faire le dessin de deux bornes kilométriques et des neuf bornes hectométriques comprises dans leur intervalle, et inviter les enfants à observer dans leurs promenades, et les bornes, et la distance qui les sépare.

Donner des problèmes de système métrique, en suivant à la fois le cours d'arithmétique et celui de système métrique.

Plan sur le décilitre.

a) **Nécessité.** — Redire un mot du litre.

En partant d'exemples, montrer qu'une mesure plus petite que le litre est nécessaire, pour mesurer des quantités plus faibles, et pour évaluer la contenance exacte d'un volume qui ne contient pas un nombre exact de litres.

b) **Définition.** — Montrer un décilitre ; puis remplir un litre d'eau au moyen de ce décilitre, et conclure que le litre contient dix fois cette nouvelle mesure.

Donner ensuite le nom de *décilitre* en le justifiant, et en le comparant au nom de *décimètre*.

Écrire le mot décilitre en toutes lettres puis en abrégé : dl.

c) **Formes du décilitre.** — Rappeler les différentes formes de litres et montrer que chaque forme de décilitre est la même que celle du litre correspondant.

Quelle que soit leur forme, prouver que tous les décilitres ont la même contenance en transvasant successivement dans tous les autres l'eau contenue dans l'un d'eux.

Apprendre aux élèves que dans toute la France et

dans d'autres pays encore, le décilitre a la même contenance.

d) **Manière de mesurer.** — 1° Demander un nombre déterminé de décilitres d'eau.

2° Faire évaluer le nombre de décilitres contenus dans un volume d'eau donné.

Ce sont quelques élèves désignées qui mesurent.

COURS MOYEN. COURS SUPÉRIEUR

Faire ressortir les avantages de notre système métrique et donner les noms des États qui l'ont adopté.

Pour les problèmes, se reporter au chapitre Arithmétique.

Consulter les conseils donnés pour le cours élémentaire.

PLAN SUR LE DÉCIMÈTRE CARRÉ

I. — Notions préliminaires.

Rappeler la définition des surfaces et la nécessité pour les mesures de surfaces d'être des surfaces.

II. — Choix d'une nouvelle mesure.

a) **Nécessité.** — Rappeler le mètre carré, et montrer la nécessité d'une mesure plus petite pour évaluer des surfaces plus petites et pour mesurer plus exactement une surface qui ne contient pas un nombre exact de mètres carrés.

b) **Définition.** — Montrer que pour établir cette plus petite mesure, on a encore choisi un carré; un carré dont le côté n'est pas un mètre, mais un décimètre.

Faire au tableau noir et dans la réelle dimension la figure d'un décimètre carré.

De cette forme et de cette dimension, déduire le nom de *décimètre carré*.

III. — Relation du décimètre carré avec le mètre carré.

a) **Faits d'observation.** — Pour faire comprendre la relation du décimètre carré avec le mètre carré, tracer avant la classe au tableau noir ou sur le parquet, si les dimensions du tableau ne le permettent pas, un mètre carré divisé en décimètres carrés.

Puis faire constater aux élèves que la figure comprend un mètre carré et des décimètres carrés.

Faire compter tous ces décimètres carrés par colonnes aux plus avancés, et tous successivement aux plus faibles.

b) **Conclusion.** — Puis conclure que le décimètre carré est contenu 100 fois dans le mètre carré.

IV. — Numération du décimètre carré.

Écrire le mot décimètre carré en toutes lettres, puis en abrégé: dmq; et enfin, à l'aide d'exemples, apprendre aux élèves que le décimètre carré étant le centième du mq, s'écrit au rang des centièmes.

V. — Conclusion.

a) **Manière d'évaluer les surfaces.** — Prouver, comme on l'avait déjà fait pour le mètre carré, l'incommodité d'une mesure réelle et rappeler la possibilité d'évaluer les surfaces sans mesure réelle (voir Cours de dessin linéaire et de géométrie).

b) **Rapport entre le dixième du mq et le dmq.** — Au cours supérieur surtout, différencier le décimètre carré et le dixième du mètre carré, à l'aide du carré divisé en décimètres carrés.

DESSIN LINÉAIRE. — GÉOMÉTRIE

COURS MOYEN. COURS SUPÉRIEUR

Faire connaître les principales lignes, les principales surfaces, les principaux volumes et leur développement; apprendre à évaluer les principales surfaces et les principaux volumes à l'aide de démonstrations simples, tel est le but des leçons de dessin linéaire et de géométrie.

On peut, pour la facilité des démonstrations, étudier d'abord les lignes à l'aide de fils puis de traits au tableau noir; les surfaces, à l'aide de surfaces en papier ou en carton, puis à l'aide de dessins; mais avoir soin de faire constater que les lignes, les surfaces n'existent pas indépendamment des volumes, et de faire désigner aux élèves des lignes, des surfaces dans des volumes.

Il serait bon de faire pour chaque classe un tableau de dessin géométrique à l'aide de figures en papier ou en carton représentant les principales surfaces, les principaux volumes et leur développement. On y représenterait aussi les lignes à l'aide de traits les plus déliés possibles.

Pas de constructions précises puisque les enfants n'ont pas les instruments nécessaires.

Quelques surfaces, quelques volumes sont obtenus avec du papier au moyen des procédés indiqués dans les cours de pliage.

Cependant, on peut faire tracer au crayon quelques constructions approximatives, à l'aide de règles et d'équerres en papier ou en carton.

Livres à consulter.

Le Monde en papier, par M. Kœnig et Durand.
Géométrie et travaux manuels (cours élémentaire), par Cazes.
Géométrie, dessin et travaux manuels (cours moyen), par Cazes.
Manuel de dessin, par Tronquoy.

Nombre d'exercices.

Faire un exercice de dessin linéaire et de géométrie tous les huit ou quinze jours.

PLAN. LE CUBE

I. — Définition du cube.

a) **Faits d'observation.** — Montrer un cube en papier ou en carton ou en bois...

Constater que c'est un volume ; en faire voir les trois dimensions, les arêtes ou côtés, les angles solides et les faces.

Puis étudier le caractère particulier de ce volume ;

pour cela, mesurer les arêtes et faire constater qu'elles sont égales, et que les faces latérales sont des carrés.

b) **Conclusion.** — Et enfin conclure en faisant trouver la définition du cube.

c) **Exercices.** — Montrer plusieurs cubes ayant des arêtes de dimensions différentes, et en déduire que les cubes peuvent avoir des volumes différents.

II. — Tracé du cube.

a) **En relief.** — Tracer un cube en relief au tableau noir.

Faire constater aux élèves la place de chaque face en comparant avec un cube tenu à la main.

Pour cela numéroter les faces sur le cube réel et au tableau noir.

b) **Développement.** — Pour faire comprendre le développement d'un cube, montrer un cube en papier de carton que l'on développe devant les élèves.

Puis tracer le développement d'un cube au tableau noir.

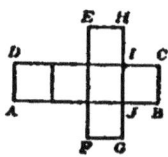

Exercices pratiques. — Faire tracer aux élèves le développement d'un cube, et un cube en relief.

c) **Évaluation du volume d'un cube.** — Donner la règle d'évaluation du volume d'un cube, en se reportant à ce qui a été dit dans la démonstration sur l'évaluation du volume d'un parallélipipède.

— 222 —

Note. — Le parallélipipède est traité avant le cube et la démonstration se fait de la façon suivante :

1° On évalue d'abord le volume d'un parallélipipède ayant par exemple un décimètre carré de base et cinq décimètres de hauteur.

A l'aide de la figure, la démonstration de l'évaluation de ce volume est facile.

2° On évalue le volume d'un parallélipipède ayant deux décimètres carrés de base et cinq décimètres de hauteur.

En faire la figure, et conduire la démonstration en comparant cette figure avec la précédente.

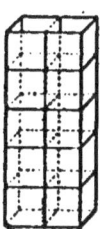

3° On évalue le volume d'un parallélipipède ayant

trois décimètres carrés de base et cinq décimètres de hauteur, et l'on démontre comme précédemment.

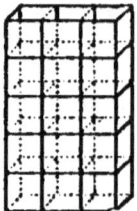

Puis on termine en faisant énoncer la règle d'évaluation du volume d'un parallélipipède.

COURS ÉLÉMENTAIRE. SECTION ENFANTINE

Pour les premières divisions du cours élémentaire, s'inspirer des principes, des procédés indiqués pour le cours moyen, mais supprimer la théorie de l'évaluation des volumes, et de l'évaluation de quelques surfaces.

Aux dernières divisions du cours élémentaire, on peut enseigner les noms des principales lignes, des principales surfaces, des principaux volumes; mais il faut apprendre surtout aux enfants à les observer et à les différencier.

Ces *exercices d'observation* doivent se faire surtout aux leçons de pliage et de dessin. — Ils constituent à eux seuls les exercices de dessin linéaire et de géométrie à faire dans la section enfantine.

SCIENCES PHYSIQUES ET NATURELLES

« Un cours de physiologie suffisamment complet pour conduire à l'intelligence des vérités générales de cette science et pour nous enseigner à en tenir compte dans la vie journalière forme une partie indispensable d'une éducation rationnelle. »

H. Spencer.

L'agriculture est plus intelligemment pratiquée par celui qui joint à la science de l'expérience des connaissances précises dues à la botanique, à la chimie...

Les applications pratiques en économie domestique, les mesures d'hygiène bénéficient aussi des études de chimie, de physique et d'histoire naturelle.

« La culture scientifique est nécessaire à chacun pour comprendre le pourquoi et le comment des choses et des opérations dans lesquelles il est intéressé comme producteur ou comme intermédiaire. »

H. Spencer.

« Il est étonnant que l'homme, placé au milieu de la nature, qui lui offre le plus grand spectacle qu'il soit possible d'imaginer, et environné de tous côtés d'une infinité de merveilles qui sont faites pour lui, ne songe presque jamais, ni à considérer ces merveilles si dignes de son attention et de sa curiosité, ni à se considérer soi-même. »

Rollin.

... « Ce qui n'est pas vrai, c'est que les faits de science soient en eux-mêmes dénués de poésie, ou que la culture scientifique nous rende impropres à l'exercice de l'imagination et à l'amour du beau. Au contraire, la science ouvre au savant des mondes de poésie là où l'ignorant ne voit rien.

L'amour de la science est un culte tacite ; c'est la reconnaissance tacite de la valeur des choses qu'on étudie, et, par implication, de leur cause. »

H. Spencer.

Si la faiblesse des enfants ne permet pas de leur expliquer tout ce qui est cependant explicable, du moins que l'enseignement scientifique soit donné de façon à leur inspirer la foi en la science. — Mais n'exagérons pas ce sentiment ; sachons arrêter leur esprit, comme la science s'arrête elle-même devant le mystère.

COURS MOYEN ET COURS SUPÉRIEUR

Sujets des leçons.

Le programme des sciences physiques et naturelles est vaste ; mais en se bornant aux grandes questions, il est possible de le parcourir en un an.

Ne pas omettre quelques notions d'astronomie. Oh ! une leçon suffirait pour faire apprécier l'importance relative de notre planète dans le monde, et pour faire entrevoir l'immensité.

Ordre à suivre dans l'étude des sciences.

Étudier les différentes branches de l'enseignement scientifique en suivant un ordre logique : toute la chimie par exemple avant la physiologie, car certaines connaissances de chimie sont nécessaires pour l'explication précise de quelques phénomènes naturels tels que la respiration.

Ainsi, on peut traiter successivement :
La physique.
La chimie.
La physiologie.
L'hygiène.
La zoologie.
La botanique.
L'agriculture.
La géologie.
L'économie domestique.
Ne pas oublier une leçon ou deux d'astronomie.

On pourrait encore, pour l'enseignement des sciences, adopter l'ordre suivant : étudier chacune des grandes questions successivement dans les diverses branches des sciences où elle trouve un développement particulier. Ainsi, par exemple, on étudierait l'air, d'abord en physique, puis immédiatement après en chimie et en histoire naturelle.

Ainsi encore, après avoir étudié la nutrition des plantes, parler des assolements, des engrais.

NOTE. — Outre les leçons de botanique, il faut encore en été, tous les jours, ou deux fois par semaine, par exemple le vendredi et le lundi, *lendemains de jours de congé*, montrer des plantes aux enfants, pour les habituer non seulement à les différencier, mais encore à les nommer.

Quelques minutes suffisent à cet exercice.

Conseils généraux relatifs à la forme de l'enseignement scientifique.

Dans l'enseignement des sciences, mettre bien en relief, les principes, l'enchaînement de ces principes, sinon les esprits se perdent dans une infinité de détails qui nuisent à la parfaite intelligence des sciences et en masquent la beauté, la poésie.

Souligner tout ce qui peut exciter l'admiration, provoquer l'étonnement.

Ce sont parfois des vues d'ensemble : adaptation de l'organisation des animaux au milieu dans lequel ils vivent ; — comparaison entre l'immensité et les infiniment petits (du rôle desquels nous devons parler) ; — le lien entrevu entre divers phénomènes apparemment différents : mouvement, chaleur... (un mot suffirait pour cela), etc.

D'autres fois ce sont des points de détails, par exemple la disposition des feuilles sur la tige. Peu nous importent les dénominations : opposées, alternes, verticillées, données pour distinguer les diverses dispositions des feuilles sur la tige ; ce qui nous importe, ce qui est admirable, c'est le principe qui préside à cette disposition ; chacune des feuilles, étant placée, on le sait, de manière à recevoir le plus d'air et de lumière possible.

Autant que possible, justifier ce que l'on avance. Cependant, il faut savoir aussi faire saisir le mystérieux. Vous pouvez, par exemple, expliquer la *germination*, mais sachez arrêter l'esprit des enfants devant le principe de vie qui préside à cette germination.

Dans l'étude des corps, des phénomènes, souligner non seulement ce qui peut provoquer l'admiration, mais enseigner encore les lois, les propriétés qui ont des applications pratiques ; on parlera par exemple de la *malléabilité* de l'étain qui permet l'emploi fréquent de feuilles d'étain.

Exactitude. — C'est une véritable difficulté de donner un enseignement scientifique à la fois élémentaire, simple et exact. Mieux vaut avouer aux enfants que leur faiblesse ne nous permet pas de leur expliquer un phénomène que de leur en donner une explication fausse, sous prétexte de la donner simple.

Les explications incomplètes sont, par cela même, souvent fausses.

On donnait un jour, dans un cours moyen, une leçon sur les bougies.

Le principe de la préparation de la matière qui compose les bougies est le suivant : Extraire les acides gras solides du suif de bœuf, de mouton.

Pour cela, on extrait d'abord tous les acides gras, en les séparant de la glycérine :

1° En formant, à l'aide de la chaux, un savon calcaire qui met la glycérine en liberté ;

2° En faisant agir sur ce savon l'acide sulfurique, qui, se combinant avec la chaux, met les acides gras en liberté.

Au moyen de la presse, on sépare ensuite, dans les acides gras, l'acide liquide des acides solides...

Assurément, il était impossible d'expliquer toutes ces opérations aux enfants.

La maîtresse a procédé ainsi :

« Le suif contient un liquide gras qui empêcherait la bougie d'être dure...

« Il faut enlever ce liquide gras ; on le fait en pressant le suif... »

C'était faux. — Il n'y a pas qu'à soumettre le suif à la presse. Mieux valait ne rien dire du tout de la préparation de la matière première.

Mieux valait encore procéder de la manière suivante :

Avoir un morceau de suif, une bougie, une chandelle, et expliquer ainsi :

C'est avec du suif comme *celui-ci* que l'on fait des bougies comme *celle-là* (montrer).

Opposer le suif à la bougie (différence de couleur, de dureté; frotter le suif contre du papier, puis la bougie, et faire remarquer que le suif seul laisse une tache).

Le suif doit donc être préparé, sans quoi, au lieu de la bougie, on aurait la chandelle (la montrer).

Comment préparer le suif?

Dire aux enfants que quelques points de cette préparation sont difficiles à comprendre, que, plus tard, dans un cours plus élevé, elles saisiront plus facilement; et l'on passe à la *forme* donnée à la bougie.

Pour l'expliquer, montrer un cylindre de carton, à une des extrémités duquel on a adapté un cône; par le milieu, faire passer une mèche de coton. Ce cylindre représente le moule dans lequel on coule la bougie.

NOTE. — Avec des enfants développées, auxquelles on aurait enseigné le principe des combinaisons chimiques, il serait possible, sans entrer dans le détail, de préciser cependant davantage les opérations.

Comment faire pour enlever la partie liquide du suif?

Presser? Cela ne suffirait pas. Auparavant, d'autres opérations sont nécessaires.

Rappeler quelques réactions chimiques simples et ajouter que c'est à l'aide de réactions analogues, puis de la presse, que l'on arrive à extraire la partie solide du suif.

Images. — Expériences. — Ne recourir aux images, aux échantillons des musées que lorsqu'il est impossible d'avoir les objets eux-mêmes.

Autant qu'on le peut, faire des expériences rappelant les phénomènes qui ne se passent pas sous les yeux des enfants.

Marche à suivre pendant une expérience. — Il faut procéder avec ordre en faisant une expérience.

Soit à faire l'analyse de l'air à l'aide de la simple expérience qui consiste à faire brûler une bougie sous un verre renversé sur une assiette contenant de l'eau.

Avant l'expérience, faire remarquer que l'on a une bougie placée sous un verre renversé sur une assiette d'eau. Constater dans le verre la hauteur à laquelle l'eau arrive, et la présence de l'air.

Pendant l'expérience, remarquer que la bougie brûle, que l'eau monte, puis que la bougie s'éteint.

Après l'expérience, constater la hauteur à laquelle l'eau est montée dans le verre. — Puis, passer à *l'explication des faits*.

CONCLUSION. — Il y avait dans l'air contenu dans le verre un gaz qui fait brûler; un autre gaz qui ne fait pas brûler. Donner les noms des gaz et la proportion de leur mélange.

Pendant une expérience, ne pas confondre la réalité avec l'expérience. — Par exemple : Pour expliquer l'extraction du sel de l'eau de la mer, vous faites chauffer, sur une lampe à alcool, de l'eau salée; ou bien, par un jour de beau soleil, vous avez préparé, plusieurs heures avant la leçon, une assiette d'eau salée que vous avez exposée au soleil. Ne dites pas, en parlant de l'eau de l'assiette : « Voilà l'eau de la mer, elle s'évapore, le sel qu'elle contient reste... » Non, c'est une *assiette* dans laquelle vous avez mis de l'eau salée... ce n'est pas la mer.

Étudiez cette expérience d'une part; étudiez les

marais salants d'autre part, et comparez, mais ne *confondez* pas.

Justifier les faits. — Justifier les applications pratiques par les lois et les propriétés énoncées.

Interrogations. — Les enfants peuvent prendre une part très active aux leçons de sciences, si l'on sait, à l'aide d'interrogations bien dirigées, les faire observer, et leur faire déduire, de faits d'observation, des lois, des principes.

En sciences, surtout, on est exposé aux longues digressions par suite des questions des enfants. Comme dans les autres enseignements, on les évitera en partie, en préparant sérieusement les leçons et en dirigeant les interrogations avec habileté.

Remarque disciplinaire. — Prévenir l'indiscipline pendant les expériences en assignant, dès le début, à chacune des élèves, une place de laquelle elle puisse observer.

Pour la manière de montrer les images, se reporter aux conseils généraux sur l'enseignement oral.

Livres à consulter.

Les Plantes, par Girardin. — *Les Bêtes*, par Girardin.
Lectures sur l'histoire naturelle des animaux, par P au Bert.
Les livres d'histoire naturelle, de Bonnier.
Le Monde végétal, par S. Meunier.
Géologie, de Fabre.
Lectures scientifiques de zoologie, par Fabre.
Lectures scientifiques de botanique, par Fabre.
Mœurs et coutumes des animaux, par Pouchet.
Les infiniment petits, par F. Hément.
Cours d'hygiène, par le docteur Thoinot.

Simples lectures sur les principales industries, par Poiré.

Aurore. — *Ménage*, par Fabre.

Les leçons de choses, de Fabre, du docteur Saffray (livres du maître).

Les sciences physiques et naturelles à l'École primaire, par Leblanc. (Ce livre renferme de précieuses indications pour des expériences simples.)

L'Enseignement agricole, par R. Leblanc. (Ce manuel contient les programmes de l'enseignement de l'agriculture.)

La première année d'agriculture, par Raquet, Franc et Cassend.

Le livre de l'agriculture, par Cunisset-Carnot.

Lectures-leçons d'agriculture, par Bouvier et Letrait.

Le livre des champs, par Fabre.

Herbier agricole et liste des plantes les plus communes, avec 110 fig., par Bodin.

Travaux manuels et économie domestique, à l'usage des jeunes filles, par Mme Schéfer et Mme S. Amis.

La future Ménagère, par Mlle Ernestine Wirth.

Merveilles célestes, par Flammarion.

Qu'est-ce que le Ciel ? par Flammarion.

Astronomie populaire, par Flammarion.

Les livres de Guillemin. — La terre et le ciel. — La lune. — Le soleil, les étoiles, les planètes, les nébuleuses, etc…

Les livres de Louis Figuier (malheureusement coûteux). — Les merveilles de l'industrie. — Les merveilles de la science. — Les races humaines. — La vie et les mœurs des animaux. — La terre et les mers.

Tableaux. — Musée.

Tableaux astronomiques avec notice, par Hément.
Enseignement par les yeux (tableaux), série Pape-Carpentier.
Atlas des plantes de France, par Masclef.
Nos bêtes : animaux utiles, animaux nuisibles, par Beauregard.
Tableau d'histoire naturelle, par Perrier et Gervais.
Tableaux zoologiques, de la librairie Delagrave.
Tableaux d'histoire naturelle, de Deyrolles.
Bons points d'histoire naturelle, de la librairie Hachette. (Ces bons points renferment des dessins coloriés accompagnés de notices intéressantes.)
Musée industriel, de Dorangeon.

REMARQUE. — Lorsque les planches sont assez nombreuses pour que l'on recule devant le prix du cartonnage, on peut faire faire un seul cadre de bois dans lequel on glisse chaque fois la planche à observer.

Laboratoires.

On a construit de petits laboratoires à l'usage des Écoles primaires. (En vente chez Ad. Renard, 239 et 241, rue de Paris, Clamart (Seine).

Nombre de leçons.

Trois leçons de sciences par semaine paraissent nécessaires pour parcourir le programme en un an.

Devoirs de sciences.

(Lire : Devoirs en classe au chapitre V.)

Physiologie-Hygiène. — Surtout au cours moyen, ne donner à traiter que des questions simples ou pratiques. Par exemple : nécessité de l'air pur ; comment aérer les appartements.

Zoologie. — En zoologie, traiter de préférence quelques animaux en particulier. Exemple : Le bœuf : caractères scientifiques du bœuf (surtout au cours supérieur); soins à lui donner; utilité; animaux ressemblant au bœuf.

Économie domestique. — Tenue d'un appartement. — Manière de faire la lessive...., quelques nettoyages déterminés, etc...

Physique. — Quelques sujets simples de physique peuvent aussi être donnés en devoirs. Exemple : A quoi sont dus les éclairs, le tonnerre ? Expliquer comment le paratonnerre peut nous garantir de la foudre.

Chimie. — Les crayons. — Les allumettes. — Histoire d'une assiette de porcelaine, etc.

Remarque. — Donner parfois, au cours supérieur, des textes de devoirs plus scientifiques.

PLANS DE SCIENCES

BOTANIQUE. — ÉTUDE D'UNE FAMILLE. — EXEMPLE : LES CRUCIFÈRES

On peut développer les différents points d'une leçon sur les crucifères dans l'ordre suivant :

I. — Crucifères alimentaires.

Pour chacune des crucifères alimentaires :
Caractères botaniques de la plante.
Culture.
Utilité.

Terminer en donnant pour ces diverses plantes la dénomination *alimentaire*.

II. — Crucifères médicinales.

Même plan.

III. — Crucifères industrielles.

Même plan.

IV. — Crucifères ornementales.

Même plan.

V. — Caractères généraux des crucifères.

De l'examen des plantes précédentes, déduire les caractères généraux des crucifères.

Caractères de la racine.
Caractères de la tige.
Caractères des feuilles.
Caractères des fleurs.

Et terminer après avoir différencié cette famille d'autres familles déjà étudiées, en donnant et justifiant le nom de *crucifères*.

Note. — Au cours moyen on peut étudier les plantes non par familles, mais dans l'ordre suivant :

Plantes utiles pour leurs racines ;
»	»	»	tiges ;
»	»	»	feuilles ;
»	»	»	fleurs ;
»	»	»	fruits.

Consulter : *Les Plantes*, par Girardin.

PHYSIOLOGIE. — LA DIGESTION

I. — Classification des aliments.

Rappeler la grande variété des aliments et montrer l'utilité d'une classification.

Transition. — La classification en viandes, légumes, fruits, pain, etc., n'est pas scientifique. La chimie classe les aliments non d'après leur aspect, mais d'après leur composition.

a) **Aliments albuminoïdes.** — Caractéristique des aliments albuminoïdes.

Principaux aliments albuminoïdes.

Définition de ces aliments (au cours supérieur surtout).

b) **Aliments féculents ou respiratoires.** — Même plan.

c) **Aliments gras.** — Même plan.

d) **Aliments sucrés.** — Même plan.

f) **L'eau et les boissons fermentées.**

g) **Remarque sur les aliments complets.**

Transition. — Expliquer que pour passer dans les vaisseaux sanguins, qui les transportent dans les diverses parties du corps, les aliments doivent être très modifiés, d'où la nécessité de la *digestion*.

II. — Appareil digestif.

a) **Nécessité.** — Montrer la nécessité d'un appareil digestif pour contenir les aliments qui y seront modifiés.

b) **Description sommaire.** — En faire la figure à grands traits, au tableau noir, puis en montrer un tableau.

Au cours moyen, donner les noms : estomac, intestins.

Au cours supérieur, ajouter les noms : pharynx, œsophage.

c) **Nature de l'appareil.** — Sans entrer dans les détails, caractériser les *dents* et les membranes de l'appareil.

Donner une idée de la muqueuse, par exemple en comparant avec celle des lèvres.

d) **Situation de l'appareil.** — Déterminer la situation de l'appareil à l'aide de tableaux.

e) **Passage des aliments dans l'appareil.** — Sur la figure tracée à grands traits au tableau, faire comprendre en particulier le passage des aliments dans le pharynx.

Transition. — Expliquer la disposition des vaisseaux sanguins sur la paroi de l'intestin grêle, la finesse de leurs membranes, et la nécessité pour les aliments de traverser deux membranes pour pénétrer dans le sang.

Faire comprendre l'absorption des aliments à l'aide de l'expérience suivante : mettre de l'albumine au-dessus de l'eau sucrée contenue dans un vase, mais en les séparant par une membrane. L'eau sucrée pénètre dans le blanc d'œuf, mais l'inverse n'a pas lieu.

On peut tout au moins expliquer cette expérience.

III. — Glandes.

a) **Nécessité.** — Pour expliquer le principe général qui préside à la modification des aliments, rappeler, à l'aide d'exemples simples, à quel point les réactions chimiques transforment les corps. (Dans une allumette, le soufre qui brûle... qui se combine avec l'oxygène, donne un gaz : l'acide sulfureux. L'eau est un composé de deux gaz.)

b) **Principales glandes.** — Caractériser ensuite sommairement les *glandes*, et dire qu'elles renferment les principes nécessaires aux transformations des aliments. (Montrer des tableaux, du foie; faire des tracés sommaires.)

IV. — Étude des modifications des aliments.

a) **Travail physique.** — Mastication. — Rôle des diverses sortes de dents.

Mouvements de l'estomac.

b) **Travail chimique.** — Reprendre la classification et dire les modifications subies dans chaque groupe d'aliments.

Aliments féculents modifiés par la salive.

Aliments albuminoïdes modifiés par les glandes de l'estomac.

Aliments gras modifiés par le suc pancréatique, qui achève aussi les modifications précédentes.

Aliments sucrés modifiés par les glandes de l'intestin.

Remarque. — Rôle accessoire du foie, qui contribue, pour une faible part, à émulsionner les aliments gras.

c) **Conclusion.** — A la suite de ces modifications, une partie des aliments est absorbée ; l'autre est éliminée.

Terminer en définissant la digestion, et, s'il est possible, en donnant un aperçu de la *digestion dans la série animale*.

V. — Questions complémentaires.

Après la leçon, on peut ajouter quelques réflexions sur les indigestions, les maladies d'estomac, et quelques règles d'hygiène.

PHYSIQUE. — LA BALANCE

I. — Notions préliminaires.

Faire des pesées pour rappeler la manière d'apprécier le poids des corps.

Remarquer la position respective des plateaux lorsque la marchandise est égale, inférieure ou supérieure aux poids.

Après ces faits d'observation, poser les questions suivantes :

Pourquoi se sert-on de poids ?

Pourquoi fait-on ainsi les pesées ?

II. — Les mesures de poids.

a) **Nécessité.** — Montrer que si les mesures de poids n'existaient pas, on ne pourrait que très difficilement apprécier les *quantités* de la plupart des marchandises.

Les expressions peu, beaucoup, manqueraient absolument de précision.

La comparaison avec une quantité fixe, mais choisie arbitrairement, ne saurait être généralisée.

La comparaison avec une quantité fixe et la même pour tous est seule possible.

Quelles sont les quantités choisies comme terme de comparaison ?

b) **Choix des mesures de poids. — Unité.** — L'eau pure, sous un même volume, a toujours le même poids.

On a choisi le poids d'un centimètre cube d'eau pure comme unité des mesures de poids.

On a donné à ce poids, que l'on désigne sous le nom de gramme, une forme déterminée (le montrer).

c) **Multiples et sous-multiples du gramme.** — Faire comprendre la nécessité de poids supérieurs ou inférieurs au gramme.

Les montrer et les nommer.

III. — Principe de la balance et de la pesée.

a) **Nécessité d'un instrument.** — La comparaison ne serait pas précise si elle se faisait en ayant les poids dans une main et la marchandise dans l'autre. Un instrument précis est nécessaire.

b) **Principe.** — 1° Placer une règle sur une arête.

Faire remarquer qu'il ne peut y avoir équilibre que si l'arête est au milieu de la règle.

Pourquoi? Dire d'abord : le poids même de la règle la *pousse* également de chaque côté de l'arête; puis : la pesanteur attire *également* la règle de chaque côté de l'arête.

2° Placer des poids au-dessus de la règle, ou les suspendre au moyen de fil; placer d'abord, à égale distance de l'arête, des poids inégaux, puis des poids égaux, et montrer que, dans ce dernier cas seulement, il y a équilibre, et expliquer pourquoi.

3° Moyen de comparer les poids : le poids le plus lourd fait pencher la règle davantage.

c) A l'aide de ce principe, expliquer les conditions de *justesse* de la balance.

IV. — Principales sortes de balances.

a) **Balance à plateaux suspendus.** — Montrer que la balance à plateaux suspendus est conforme au principe.

b) **Balance Roberval.** — La balance précédente étant incommode, on a, dans la balance Roberval, modifié la disposition; mais le principe reste le même.

Faire des pesées.

Note. — On peut au moins se procurer les balances qui servent de jouets aux enfants, sinon pour apprendre à faire des pesées, du moins pour décrire la balance.

c) **Balance de précision.** — Au cours supérieur, sans en expliquer le principe, dire ce qu'on entend par la *sensibilité* de la balance.

V. — Questions complémentaires.

Expliquer pourquoi on place quelquefois des poids du côté de la marchandise.

Et pourquoi, lorsqu'on veut mesurer un liquide, on commence par établir l'équilibre avec le flacon.

VI. — Balance bascule.

Même plan que précédemment.

Au moyen d'une règle placée sur une arête, en donner le principe.

CHIMIE. — LE VERRE

I. — Notions connues des enfants.

a) **Aspect.** — Le verre est transparent, quelquefois coloré.

Opposer le verre ordinaire au cristal (en montrer).

b) **Propriétés.** — Dureté : le diamant seul peut le rayer.

Chauffé, il fond. Si l'on peut, chauffer une baguette de verre sur une lampe à alcool.

c) **Utilité.** — Le verre permet à la lumière de pénétrer dans les appartements tout en garantissant du froid, de la pluie.

Il sert à la fabrication des instruments d'optique ; de quelques objets de toilette : glace, bijoux, etc.; de quelques récipients : verre, bouteille, carafe, et aussi des vitrines.

Transition. — Avec quoi est fait le verre ?
Comment est-il fait ?

II. — Matière première.

a) **Cristal.** — Mettre en vue des élèves, un objet en cristal et un échantillon des matières premières qui ont servi à sa fabrication. Provoquer l'étonnement des enfants.

b) **Verre ordinaire.** — Procéder de même pour le verre ordinaire.

III. — Fabrication du verre.

Expliquer qu'avec de telles matières premières on peut obtenir du verre, en rappelant, à l'aide d'exemples simples, les modifications profondes qui résultent des réactions chimiques.

a) **Formation d'une pâte transparente.** — Les matières premières chauffées dans un creuset à une très haute température donnent une pâte transparente.

b) **Coloration de la pâte.** — On n'a qu'à joindre une matière colorante à la pâte pour obtenir du verre coloré.

IV. — Fabrication de divers objets en verre.

Étudier successivement plusieurs objets en verre en traitant pour chacun d'eux les points suivants :
Aspect de l'objet.
Son utilité.
Sa fabrication.

Note. — Pour faire comprendre la fabrication du

cylindre de verre à l'aide de la *canne du verrier*, comparer avec la formation des bulles de savon.

V. — Conclusion.

Donner des notions sur le verre incassable et le verre dépoli.

Dire quelques mots sur la tâche pénible du verrier. Faire l'historique du verre.

Note. — On pourrait encore traiter la question du verre en étudiant spécialement un objet en verre, par exemple une bouteille, et adopter le plan suivant :

Aspect de la bouteille. — Matière première. — Forme donnée à la bouteille. — Et terminer par des notions générales sur le verre.

COURS ÉLÉMENTAIRE

SECTION ENFANTINE

Pour l'enseignement des sciences aux premières divisions du cours élémentaire, se reporter aux conseils indiqués au cours moyen.

Ne donner que des sujets très simples à traiter par écrit.

On trouve dans les sciences, pour les élèves des dernières divisions du cours élémentaire et de la section enfantine, un grand choix de leçons intéressantes.

Consulter la liste suivante :

L'habitation. — Bois. — Pierre. — Fer. — Briques, tuiles. — Ardoise. — Plâtre. — Chaux. — Zinc.

Besoins intellectuels. — Crayon. — Plume. — Papier. — Encre. — Craie.

Éclairage. — Historique. — Chandelle. — Bougie. — Lampe. — Gaz. — Phare.

Chauffage. — Froid, neige, glace, avalanche. — Bois, charbon. — (Diamant). — Allumettes. — Poêles, cheminées. — Engelures, rhumes.

Habillements. — Laine. — Filage, tissage. — Teinture. — Drap, flanelle, couvertures. — Fourrures. — Aiguilles, épingles. — Coton.

Alimentation. — Farine, pain. — Vin, bière, cidre. — Boucherie. — Poivre, sel, vinaigre, moutarde. — Lait, beurre, fromage. — Indigestion.

Zoologie. — Vache, étables. — Ane. — Cheval. — Mouton. — Chèvre. — Chien, chat. — Lapin. — Taupe, etc. — Poules, oie, pigeon. — Chasse, perdrix, bécasse, etc. — Serpents. — Abeille. — Fourmi. — Ver à soie. — Insectes nuisibles à l'agriculture.

Plantes. — Principales plantes utiles pour : leurs racines, leurs feuilles, leurs fleurs, leurs fruits, leurs graines. — Moisson, fenaison.

Note. — Dans le courant de l'année, faire une leçon sur les *volcans* et une autre sur les *tremblements de terre*.

PLANS

LA POMME DE TERRE

Faire la leçon au moment où les pommes de terre sont en fleurs. Avoir des plantes, et des pommes de terre.

Traiter successivement les points suivants :

I. — Étude de la plante.

Pomme de terre, tige, feuilles, fleurs.

II. — Utilité de la pomme de terre.

III. — Culture de la pomme de terre.

Lieu de culture.
Plantation.
Soins à donner.
Récolte.
Maladies de la pomme de terre.

IV. — Historique.

Raconter en détails les efforts de Parmentier.

LES AIGUILLES A COUDRE
COURS ÉLÉMENTAIRE

I. — Notions connues des enfants.

a) **Aspect des aiguilles.** — Faire remarquer : la dureté; la forme : tige, pointe, chas ; la grosseur différente des aiguilles. Ajouter un mot de la disposition des aiguilles en paquets, et de leur prix.

b) **Utilité.** — Faire comprendre l'utilité des aiguilles en supposant le cas où elles n'existeraient pas.

Transition. — Avec quoi sont faites les aiguilles ? Comment sont-elles faites ?

II. — Matière première.

Acier. — Étudier sommairement les propriétés de l'acier qui permettent son emploi dans la fabrication des aiguilles.

Dire un mot de son origine.

III. — Fabrication de l'aiguille.

a) **Principe.** — Opposer un morceau d'acier et une aiguille, et, par interrogations, amener les enfants à trouver que, pour fabriquer les aiguilles, il faudrait pouvoir d'abord former des tiges d'acier.

b) **La tige.** — Expliquer la formation de ces tiges d'acier, en disant que l'acier s'amollit sous l'action de la chaleur, et en comparant l'acier passant à travers la filière à du fromage passant à travers une râpe.

Dans ces fils d'acier, on découpe ensuite des tiges plus courtes pour les aiguilles.

c) **La pointe.** — Expliquer la formation de la pointe en rappelant aux enfants la manière dont on aiguise les couteaux sur la meule.

d) **Le chas.** — Montrer la nécessité de chauffer de nouveau la tige afin de l'aplatir à une de ses extrémités, où l'on perce ensuite le chas.

e) **Conclusion.** — Dire quelques mots du grand nombre d'ouvriers employés à la fabrication des aiguilles.

NOTE. — Tout en traitant les différents points du plan précédent dans l'ordre indiqué, on pourrait supposer l'histoire de l'aiguille racontée par elle-même, afin de varier la forme des leçons.

LES ALLUMETTES (COURS ÉLÉMENTAIRE)

I. — Notions connues des enfants.

a) **Aspect.** — Montrer une allumette et la faire décrire.

b) **Usage.** — Faire remarquer en particulier la rapidité et la facilité avec lesquelles on se procure du feu à l'aide d'une allumette.

Transition. — Avec quoi sont faites les allumettes ? Comment sont-elles faites ?

II. — Matières premières.

a) **Phosphore.** — Dire la nécessité de la présence dans l'allumette d'une matière qui s'enflamme rapidement.

Donner le nom du phosphore et faire connaître sa facilité à s'enflammer.

b) **Soufre.** — Montrer en frottant un bâton de soufre comme une allumette que le soufre ne s'enflamme pas par le frottement.

Mais il est cependant combustible, et il brûle dans l'allumette au contact de la flamme du phosphore.

c) **Bois.** — Le bois léger de l'allumette sert aussi à entretenir la flamme.

d) **Matière colorante.** — Dire l'utilité d'une matière colorante.

III. — Fabrication de l'allumette.

a) **Préparation du bois.** — Expliquer la préparation du bois en baguettes.

b) **Préparation de la pâte.** — Faire comprendre la nécessité de réduire en pâte le soufre, le phosphore, la matière colorante.

c) **Trempe du bois dans la pâte.**

d) **Conclusion.** — Tout en faisant brûler une allumette, résumer la leçon.

IV. — Précautions à prendre.

Détailler les précautions à prendre pour éviter le feu

et l'empoisonnement par le phosphore, surtout aux plus jeunes élèves.

V. — Autres allumettes.

Dire quelques mots des allumettes bougies, et, au cours supérieur, des allumettes à phosphore rouge.

Note. — Une leçon sur l'historique du feu et sur les briquets a dû précéder la leçon sur les allumettes.

TRAVAIL MANUEL

COURS MOYEN ET COURS SUPÉRIEUR

Inutile de démontrer la nécessité d'apprendre aux enfants à faire les différents points de couture, à raccommoder, à confectionner quelques objets.

Mais pourquoi n'irait-on pas au delà du programme, et n'enseignerait-on pas un peu la broderie, le crochet, la tapisserie?

Assurément, on fait bien de viser surtout l'utilité pratique dans cet enseignement du travail manuel, mais ne peut-on viser aussi l'agrément des ouvrages de fantaisie, une des meilleures distractions des jeunes filles?

Faites la part moindre dans votre emploi du temps aux ouvrages d'agrément, et vous verrez que vous leur trouverez une place à côté des ouvrages utiles. Craindriez-vous de détourner vos élèves du raccommodage? Et pour éviter ce résultat n'auriez-vous que la suppression de ces ouvrages de fantaisie? Je plaindrais une maîtresse qui serait obligée de recourir à de tels moyens pour inculquer l'amour du devoir.

Conseils pratiques généraux.

Apprendre tout d'abord à faire les différents points sur de petites pièces, avec du fil d'une couleur différente de celle de l'étoffe. (Exiger des bandes propres et d'une grandeur convenable.)

Faire confectionner ensuite quelques objets. Plusieurs jours avant d'entreprendre la confection d'un de ces objets, réclamer de l'étoffe aux élèves afin de la tailler.

Mais aux élèves du cours supérieur ne donner que des patrons en papier sur lesquels elles *tailleront* elles-mêmes leur étoffe.

Un jour au moins par semaine, relever tous les travaux afin de les revoir, de les corriger.

Cahiers de travaux manuels. — Quelques institutrices font faire des cahiers sur lesquels les enfants fixent leurs travaux manuels au fur et à mesure qu'ils sont achevés.

Nombre de leçons.

Actuellement, on néglige un peu le travail manuel dans nos écoles primaires. Il serait bon cependant de donner au moins trois leçons, d'une heure chacune, par semaine : deux heures pour les travaux de couture, une heure pour les ouvrages d'agrément.

Livre à consulter.

Travaux manuels et économie domestique à l'usage des jeunes filles, par Mme Schéfer et Mme Sophie Amis.

Quelques conseils particuliers sur la manière de faire chaque leçon de travail manuel.

Afin de pouvoir donner une leçon collective, exiger que les élèves apportent toutes le même ouvrage demandé par la maîtresse.

Au début de la leçon, la maîtresse donne des explications préliminaires sur le travail à faire. Placée devant toute sa classe, elle tient à la main l'étoffe, l'aiguille, le tricot, nécessaires pour rendre ses explications plus claires. Au besoin, elle a recours à des dessins au tableau noir.

Les explications données, les élèves commencent leur travail; la maîtresse circule alors entre les tables, ou appelle auprès d'elle l'une après l'autre les enfants qui ont besoin de son aide.

Si de nouvelles explications collectives au cours de la leçon sont nécessaires, elle les donne après avoir réclamé l'attention de toute la classe.

REMARQUES. — 1° Pour faire prendre aux enfants des échantillons de dentelle, par exemple, la maîtresse dicte tout haut, pour toutes ses élèves, les mailles, jetés..... à faire.

De temps en temps, elle s'interrompt pour mettre les retardataires au niveau.

Dans ces sortes d'exercices, placer les élèves inhabiles auprès des élèves habiles.

2° Pour les lectures pendant les leçons de travail manuel, se reporter au chapitre « lectures ».

3° Pendant ces leçons, des conversations pourraient s'établir entre la maîtresse et les élèves au grand profit de ces dernières.

COURS ÉLÉMENTAIRE

Pour les leçons de travail manuel au cours élémentaire, s'inspirer des conseils donnés au chapitre précédent.

Mais le sujet des leçons doit porter principalement sur le tricot et les différents points de couture.

Surtout dans les dernières divisions, donner une leçon de travail manuel chaque jour.

Mesures d'ordre. — 1° Comme il arrive trop souvent que

les enfants oublient d'apporter leur travail manuel, il vaut mieux garder en classe, dans des boîtes spéciales, les travaux pliés chacun dans un papier portant le nom de chaque élève.

2° Pour le même motif, la maîtresse apporte en classe, pour les leçons de travail manuel, une provision d'aiguilles, de fil..... — Aux institutrices de voir si les mêmes mesures conviennent au cours moyen et au cours supérieur.

Pliage. — Faire encore, au cours élémentaire, une leçon de pliage par semaine, au moins dans les dernières divisions.

SECTION ENFANTINE

Les travaux manuels de la section enfantine comprennent les exercices suivants : pliage, tissage, tressage, découpage, enfilage de perles, points de boutonnière. (Ce point se fait autour d'un carton découpé en couronne avec de la laine de couleur.)

On trouvera dans les librairies du papier de couleur très léger destiné aux exercices de pliage, de tissage, de tressage et de découpage. On peut d'ailleurs utiliser pour ces travaux, du papier d'affiche ou des couvertures de cahiers.

Dans les premières divisions de la section enfantine, commencer le tricot en graduant les difficultés de la manière suivante :

Tricot avec deux aiguilles :
Mailles à l'endroit.

Mailles à l'envers.
Une aiguille à l'endroit.
Une aiguille à l'envers.
Une ou deux mailles à l'endroit, une ou deux mailles à l'envers.

Tricot avec plusieurs aiguilles :

Manchettes droites.

Livres à consulter.

Dessin et travaux manuels (cours élémentaire), par Cazes.

Bouts de fil et brins de paille, par M. Kœnig et A. Durand.

Le Monde en papier, par M. Kœnig et A. Durand.

Tous les exercices de travaux manuels doivent, comme les autres, être précédés d'explications préliminaires.

DESSIN

Assurément, l'enseignement du dessin à l'École primaire permet d'apprendre à *dessiner*, ce qui est parfois utile dans la pratique de la vie; mais il a surtout pour but de contribuer à développer l'adresse et la légèreté de la main, la précision et la rapidité du coup d'œil, qualités de la vue et du toucher bien précieuses.

Sans doute, on n'a pas à faire suivre les leçons de dessin d'un cours sur l'art, et de critiques raisonnées sur la valeur de quelques productions artistiques; mais il faut savoir saisir cependant, au cours des divers enseignements, toutes les occasions qui permettent quelques réflexions sur l'art en général, et chacun des arts en particulier. Ces occasions sont fournies par les lectures, la lecture expliquée, l'enseignement de l'histoire surtout. Au cours des leçons d'histoire en effet, un tableau des mœurs, des coutumes, des lettres revient à chaque période. Les arts et les noms des grands artistes ont les uns et les autres leur place marquée dans ces tableaux.

Et puis, étant donnée la facilité avec laquelle on peut se procurer à tous les prix des reproductions des chefs-d'œuvre artistiques, l'occasion d'en faire admirer, et par suite de former le goût, ne manquerait pas à une maîtresse douée d'un peu d'initiative.

Livres à consulter : *L'Art à l'École primaire*, par Élie Pécaut.

Précis d'histoire de l'art, par Bayet.

Les tableaux célèbres du monde ont paru en douze brochures, d'un prix modéré. (Librairie Lahure.)

SECTION ENFANTINE

Suivre, tout en le dirigeant, le goût naturel des enfants pour le dessin.

Pour cela, dès leur plus jeune âge, leur donner les moyens de se livrer, à l'école, à leurs libres essais, et leur apprendre à reproduire exactement des modèles faciles.

Il est bon de leur faire faire un exercice tous les jours, surtout aux plus jeunes.

Les premiers dessins doivent précéder les premières leçons d'écriture, car l'écriture est un dessin déjà un peu difficile.

Matériel nécessaire.

Le matériel nécessaire à l'enseignement du dessin dans la section enfantine se compose de solides en bois; de lattes de couleurs diverses; de polygones variés en carton colorié; de découpages en papier ou carton représentant des feuilles d'arbre et autres objets facilement reconnus par les enfants : pelle, couteau, etc. Y ajouter quelquefois les feuilles d'arbre elles-mêmes.

Les enfants dessinent sur l'ardoise, ou sur leur pupitre ardoisé, ou sur du papier destiné à remplacer l'ardoise.

Autant que possible, les faire dessiner avec des crayons de couleurs diverses.

Dessins libres.

Solides en bois. — Lattes. — Polygones en carton. — Distribuer des solides, ou des lattes, ou des polygones aux élèves, et les laisser libres de les disposer au gré de leur fantaisie.

La maîtresse circule entre les tables, suggère des idées aux enfants dépourvues d'imagination.

L'exercice achevé, la maîtresse reproduit devant toute la classe, et sur une table inclinée, le dessin le plus original par exemple, en nommant l'enfant qui en a fait la trouvaille.

Dessins libres au crayon. — Le nom seul de l'objet à dessiner est fixé; c'est une poupée, une boîte, un couteau, une broderie, etc.

Manière de faire l'exercice. — Afin d'éviter quelques fautes grossières, commencer par quelques explications préliminaires.

Les élèves vont faire à grands traits le dessin d'une poupée, par exemple; leur dire qu'il ne faut pas faire partir les bras du cou, comme le font en général les enfants. Tout en parlant, tracer au tableau noir les dessins nécessaires à la clarté des explications; tenir même une poupée à la main.

Puis les enfants font le dessin, dont on surveille l'exécution en circulant entre les tables.

On fait alors quelques observations individuelles et l'on termine par une correction collective.

NOTE. — Si le sujet de l'exercice est une boîte fermée, il n'est point superflu de dire aux enfants que le dessin ne doit pas en comporter le contenu.

Autres dessins libres au crayon. — Parfois laisser les élèves absolument libres de choisir elles-mêmes le sujet de leurs *barbouillages*; néanmoins, surveiller ces exercices et faire, à la suite, quelques remarques collectives comme précédemment.

Dessins d'après modèles.

Dessins d'après images. — Cet exercice tient encore du dessin libre.

Les enfants ont à *reproduire* par exemple une image rectangulaire représentant une famille dans la campagne. L'exercice consiste à faire un rectangle dans lequel on marque, au moyen de simples traits de grandeurs proportionnées, la place respective des arbres, des différents personnages, etc.

Comme pour les autres exercices : explications préliminaires, surveillance, puis corrections collectives.

Il existe des collections de *petites* images représentant des scènes de famille. Si on en possède, en remettre une à chaque enfant, en ayant soin de donner à toutes le même sujet.

On peut encore se servir de : *Cinquante images expliquées*, de Mme Kergomard ; (*Albums pour enfants*), dont il a été question déjà au chapitre *Exercices de langage*.

Si l'image est assez grande, la placer de manière à ce que toutes les élèves la voient toutes distinctement.

Lattes. — 1° Reproduire avec des lattes un dessin, modèle en latt... disposé devant la classe, sur une table inclinée.

2° Reproduire au crayon le dessin formé par des lattes, sur une table inclinée.

La maîtresse trace, pendant les explications préliminaires, le dessin au tableau noir.

Le modèle en lattes et le modèle à la craie au tableau restent devant les enfants pendant la durée de l'exercice et pendant la correction collective.

Reproduire le dessin en couleurs diverses, surtout si les lattes sont coloriées.

Dessins autour de découpages. — Fixer au tableau noir un découpage en papier ou en carton représentant un objet connu des enfants : un couteau par exemple.

Tout en donnant les explications préliminaires,

dessiner le couteau au tableau en suivant à la craie le contour du papier qui le représente.

Les enfants auxquelles on distribue ensuite à chacune un découpage semblable font le même exercice sur leur ardoise ou sur leur papier.

Le dessin principal achevé, demander aux élèves d'y ajouter quelques traits secondaires : dans un couteau, ce seront des filets ; dans une feuille d'arbre, les nervures.

Comme toujours, terminer l'exercice par une correction collective.

Reproduction d'un dessin sur les ardoises quadrillées ou sur du papier quadrillé.

Préparation du modèle. — Au début, les dessins sont composés de lignes droites peu nombreuses ; puis on les complique en ayant soin de graduer les difficultés.

L'ensemble des lignes de chaque dessin porte toujours un nom : des traits parallèles représentent une barrière ; un carré, un mouchoir de poche, etc.

Dans ces dessins d'après modèles, plus précis que les dessins précédents, mieux vaut ne figurer que des surfaces planes : porte, fenêtre, feuille d'arbre..... et non plus des volumes en relief.

Le modèle est dessiné au tableau quadrillé, avant la classe.

L'objet représenté par le dessin est mis en évidence.

Explications préliminaires. — Tout d'abord l'institutrice compare le dessin avec l'objet lui-même.

Puis elle explique la manière de faire la première partie du dessin, tout en la retraçant devant les élèves au tableau noir, à côté du modèle.

Elle apprend en particulier à placer les points de repère avant de tracer un trait.

Enfin, les élèves dessinent elles-mêmes sur leur papier quadrillé ou sur leurs ardoises quadrillées.

Circuler entre les tables pour surveiller l'exercice; puis faire des corrections collectives.

REMARQUE. Procéder de même pour chacune des parties suivantes du dessin.

COURS ÉLÉMENTAIRE

Sujets des dessins.

Dessins libres. — Au cours élémentaire, les *dessins libres* doivent être rares, et limités je crois à quelques ornements ajoutés à un dessin principal, car les élèves ne se contenteraient plus des fantaisies de la section enfantine et ne sauraient pas, seules, fournir un dessin à peu près satisfaisant.

Dessins de mémoire. — Mais dans ce cours on peut aborder les *dessins de mémoire*, qui consistent à reproduire un dessin précédemment fait d'après modèle, sans autre guide que les explications préliminaires de la maîtresse.

Dessins d'après modèles. — Les exercices de *dessins d'après modèles* sont de beaucoup les plus nombreux.

Ils consistent à reproduire, d'après des planches ou d'après des modèles tracés au tableau noir, des dessins dont on a bien soin de graduer les difficultés.

L'ensemble des lignes de chaque dessin ne représente que des surfaces planes, et, comme dans la section enfantine, porte toujours un nom.

Au cours élémentaire, ne pas donner comme modèles des objets réels, à moins qu'ils ne demandent un dessin facile, et non en relief, comme par exemple une feuille d'arbre, un découpage que l'on fixe au tableau noir.

Modèles de dessin. — Pour le choix des modèles de dessin, voir la liste donnée au cours moyen et au cours supérieur.

Cahiers de dessin.

Il faut écarter les cahiers de dessin préparés contenant des modèles, et choisir des cahiers faits simplement avec du papier de dessin ordinaire sur lesquels les élèves dessinent au crayon.

Les dessins libres sont faits sur l'ardoise ou sur le papier destiné à remplacer l'ardoise, à moins qu'ils ne consistent simplement en quelques ornements surajoutés à un dessin principal fait d'après modèle.

Leçon de dessin.

Préparation de la leçon. — Dessiner le modèle au tableau noir, avant la classe, à moins que l'on ait des planches de dessin, car alors il suffit de fixer le modèle bien en vue des élèves au commencement de la leçon.

Préparer, si le sujet le comporte, l'objet représenté par le dessin afin de le montrer.

Manière de faire la leçon. — *Explications préliminaires.* — Donner le nom de l'objet représenté et comparer le dessin avec l'objet réel.

Puis expliquer la manière de reproduire chacune des parties du dessin en procédant ainsi :

Dessiner soi-même, à côté du modèle, la première partie du dessin.

Placer ce dessin fait devant les élèves dans un rectangle, car on divise généralement les pages des cahiers en deux ou quatre rectangles dans chacun desquels les enfants font leur dessin.

Indiquer peu de lignes de construction à tracer.

Prendre autant que possible les points de repère sur es lignes du rectangle dans lequel on place le dessin.

On peut, par des interrogations, faire trouver aux enfants elles-mêmes les rapports des dimensions. Les explications préliminaires achevées, faire prendre les cahiers et les crayons.

Surveillance de l'exercice. — Venir en aide aux élèves inhabiles; et veiller à ce qu'aucune ne se serve de règle pour tracer les lignes.

Faire les corrections individuelles au crayon, proprement, et non à l'encre rouge.

Nouvelles explications. — La partie du dessin expliquée étant achevée, réclamer l'attention de toutes les élèves et procéder pour la partie suivante du dessin comme précédemment.

REMARQUE. — Procéder de même lorsque des découpages, des feuilles d'arbres.... servent de modèles.

Pour les dessins libres, et les dessins d'après mémoire, commencer comme toujours par des explications préliminaires et terminer par des corrections collectives.

COURS MOYEN ET COURS SUPERIEUR

Dessins libres. — Les élèves du cours moyen et surtout celles du cours supérieur peuvent faire dans leurs cahiers spéciaux des dessins libres tels que des broderies, avec assez d'exactitude.

Dessins de mémoire. — Elles peuvent également continuer à reproduire quelquefois, d'après mémoire, des dessins faits précédemment d'après modèles.

Dessins d'après modèles. — Comme au cours élémentaire, les exercices qui consistent à faire un dessin d'après modèle sont les plus nombreux.

Pour la manière de faire une leçon de dessin, se reporter à ce qui a été dit au cours élémentaire. Mais donner moins d'explications préliminaires, et parfois même pas d'explications préliminaires du tout sur la manière d'exécuter le dessin.

Laisser alors dans le modèle des lignes de construction que l'on rend de plus en plus rares à mesure que l'on avance.

Apprendre à apprécier les rapports des dimensions à l'aide du bras tendu et d'un crayon, et à placer un dessin au milieu d'une page.

NOTE. — Surtout au cours supérieur, je crois possible de faire reproduire des dessins représentant des objets en perspective.

Dans ce cas, au début de la leçon, faire placer toutes les élèves de façon à ce qu'elles se rendent compte, à l'aide de l'objet réel, de cette perspective.

Apprendre à faire des traits forcés afin d'indiquer le côté des ombres et de donner aux dessins un peu de relief.

Modèles de dessin.

Le livre du maître pour l'enseignement du dessin (250 leçons-modèles), par Chancel et Azaïs.

Le Dessin à l'École primaire (80 planches pour 12 fr. 50), par Azaïs.

Planches de dessin pour l'Enseignement primaire, par Charvet et Pillet.

Livre à consulter.

Perspective d'observation, par Watelet.

Nombre de leçons.

Au cours moyen et au cours supérieur, faire une heure de dessin environ par semaine.

CHANT

Apprendre quelques morceaux, former l'oreille et le goût musical, n'est pas le seul but poursuivi dans l'enseignement du chant.

Dès l'école, la musique exerce sur les enfants une heureuse influence : en même temps qu'elle favorise la bonne discipline, elle répand sa note gaie des chants de marche dans les changements d'exercices, les rentrées et les sorties ; elle élève et unit les cœurs le matin et le soir grâce à des chants d'une harmonie douce et recueillie ; elle fournit, si les morceaux sont bien choisis, une occasion de plus de sentir le beau.

Conseils pratiques généraux.

Choix des chants. — Choisir deux sortes de chants : des chants dont les paroles et l'harmonie portent plus particulièrement au recueillement, à l'élévation de l'âme, puis des chants de marche et autres chants dans lesquels on ne vise pas spécialement au recueillement.

Dans les deux sortes de chants, choisir les paroles avec soin, car la poésie jointe à la musique produit une influence double.

Consulter : *Le Manuel musical des Écoles*, par Gautier.

Les Chants populaires pour les Écoles, par Bouchor et Tiersot.

Le Répertoire de l'École normale supérieure de Fontenay-aux-Roses.

Les Chants de l'Enfance, par Claude Augé.

La Lyre enfantine.

Les Chants populaires pour les Écoles, par Danhauser.

66 chants pour les enfants. — *Douze chants pour les enfants.* — *Quinze chants pour les enfants*, tous trois par Mlle Brès et Mlle Collin.

Les journaux scolaires contiennent parfois des morceaux de chants.

Exercices de chant. — Dans tous les cours, en dehors des leçons proprement dites de chant, faire souvent chanter les enfants.

Faire exécuter un chant recueilli le matin avant de commencer la leçon de morale, et le soir avant le départ de classe. (Voir les détails au livre *Éducation morale*.) — *Je crois préférable de faire exécuter, au cours élémentaire et dans la section enfantine, le même chant tous les matins et tous les soirs.*

Égayer par des chants les sorties en récréation, les rentrées, et au cours élémentaire et dans la section enfantine, les changements d'exercice. (Voir détails au livre *Éducation physique*.) — *Faire exécuter tout au long les morceaux chantés le matin, le soir et lors des rentrées.*

Ne pas tolérer que les chants soient criés; les diriger de manière à ce que les enfants n'en oublient pas les nuances, ni n'en modifient les paroles. Pour cela, la maîtresse, son cahier de chants à la main, se tient devant ses élèves comme un chef d'orchestre.

Même pendant les marches, elle se place de façon à avoir toujours en face d'elle tous les rangs. — Elle commence elle-même chaque couplet, et dès que le morceau est mal exécuté, elle donne un signal d'arrêt après lequel elle fait reprendre le chant correctement, à moins qu'elle ne le fasse cesser par punition.

Cahier de chants. — Avoir un cahier de tous les morceaux de chants appris aux élèves, et que les Manuels que l'on possède ne contiennent pas.

Faire des listes des chants à exécuter chaque jour de la semaine : une liste spéciale pour les chants du matin et du soir, et une autre liste pour les chants de marche.

COURS MOYEN ET COURS SUPÉRIEUR

Sujets des leçons de chant.

Chaque leçon peut comprendre des exercices de solfège et l'étude d'un chant.

Exercices de solfège. — Apprendre les principes élémentaires de la musique.

Consulter : *Les Manuels de musique,* publiés sous la direction de M. Cazes.

Petit solfège pratique très élémentaire, à une voix, à l'usage des commençants, par Jules Minard aîné. — 1re partie. — Chez l'auteur, 6, rue du Pont-Louis-Philippe, Paris.

Chants. — Voir plus haut la liste des livres de chants.

Manière de donner les leçons de chant,

(Avoir un diapason.)

Exercices de solfège. — L'exercice est écrit avant la classe au tableau noir où, pendant la leçon, suivront toutes les élèves.

Procéder de la façon suivante :

Explications préliminaires sur les nouvelles difficultés qui font le sujet de la leçon du jour.

Lecture des notes. — Lecture collective, puis quelques lectures individuelles.

Dans les premières leçons, cette lecture des notes se fait d'abord sans battre la mesure, puis en la battant.

La maîtresse placée devant ses élèves bat la mesure avec la main gauche. — De la main droite, elle suit les notes au tableau noir, avec une baguette. — Lorsque les enfants sont devenues un peu habiles, une élève désignée peut suivre elle-même avec la baguette.

Transition. — Faire monter la gamme. — Donner l'accord parfait.

Chant des notes. — La maîtresse chante d'abord seule les notes de l'exercice, puis elle les chante avec toutes les élèves réunies; et enfin elle les fait chanter par un ou deux groupes d'élèves, puis par quelques élèves seules.

Toutes battent la mesure; la maîtresse continue à la battre de la main gauche. Une élève suit les notes au tableau noir, à l'aide d'une baguette.

Si l'exercice est long, le fractionner et en étudier successivement chacune des parties, reliant chaque fois la nouvelle partie apprise avec la précédente. Arrêter les élèves au moment même où elles font une faute pour la corriger.

REMARQUE. — Si la musique du nouveau chant à étudier est simple, la choisir comme sujet de l'exercice de solfège.

Étude d'un chant. — Pour étudier un chant, on peut procéder comme il suit.

Étude des paroles. — Expliquer d'abord les paroles

qui, choisies comme texte de dictée ou de simple copie, ont été écrites dans un carnet spécial de chants.

Mais si ces explications doivent nécessairement être longues, en faire un exercice spécial en dehors de la leçon de chant.

Les paroles expliquées, les faire lire une fois par toute la classe, puis en aborder l'étude musicale pendant laquelle les élèves suivront sur leurs carnets.

Étude musicale du morceau. — Tout d'abord, la maîtresse chante elle-même une fois le morceau, puis le fait étudier.

C'est mal faire apprendre un chant que de chanter et faire chanter un couplet du commencement à la fin un nombre de fois suffisant pour que les enfants finissent par en saisir les nuances. Il faut au contraire faire étudier successivement chaque phrase musicale, et arrêter les élèves au moment même où elles donnent une note fausse, où elles ne respectent pas une nuance, pour leur faire sentir la faute et la corriger. — Ajouter chaque nouvelle phrase musicale apprise aux phrases musicales précédentes déjà sues et faire chaque fois répéter le tout.

Procéder de même pour chacun des couplets.

Note. — Se servir des élèves qui saisissent le plus vite l'air du morceau pour se faire aider ou pour stimuler les autres, soit en les faisant chanter séparément, soit en les disséminant parmi leurs compagnes.

Révisions. — Reprendre parfois les morceaux de chant précédemment étudiés pour combattre l'oubli, surtout l'oubli des nuances.

Revenir en particulier sur ceux qui ont été mal exécutés les jours précédents.

Nombre de leçons de chant.

Au cours moyen et au cours supérieur, donner au moins une leçon de chant par semaine.

COURS ÉLÉMENTAIRE

Pour les leçons de chant au cours élémentaire, s'inspirer des procédés précédemment indiqués et des conseils particuliers suivants :

Peu d'exercices de solfège : apprendre simplement à lire les notes sur la portée et à exécuter de très simples exercices. (Voir le *Manuel de musique du cours élémentaire*, par Cazes.)

Choisir des chants dont les paroles soient à la portée de l'intelligence des élèves, tout en évitant la mièvrerie.

Surtout dans les dernières divisions, on peut terminer chaque journée de classe par une courte leçon de chant.

Leçons. — *Exercices de solfège.* — Pour faire apprendre à lire les notes, on peut procéder ainsi :

Soit à apprendre la note *sol*. — Avant la classe, écrire au tableau noir, sur une portée tracée très large, des notes larges aussi, représentant toutes des *noires*. Ces notes sont des *sol* en assez grande quantité mélangées à d'autres notes.

Au début de la leçon, la maîtresse fait monter la gamme, puis fait remarquer la note *sol*, en écrit le nom au tableau et en indique la place sur la portée.

Elle fait ensuite trouver par des élèves désignées tous les *sol* qui se trouvent dans l'exercice préparé, puis leur en fait aussi placer dans une portée tracée au tableau noir.

Procéder ainsi pour chacune des notes.

A chaque leçon, revenir sur la note précédemment étudiée. Par exemple, dans l'exercice précédent, il eût fallu, après l'étude du *sol*, faire trouver et écrire dans la portée et des *sol* et des *mi*, si le *mi* avait été déjà étudié dans une précédente leçon.

Chants. — Les élèves du cours élémentaire n'ont pas de carnets de chants. On leur fait apprendre les paroles de la même manière que les morceaux choisis, soit au moment même de la leçon de chant, soit dans un exercice spécial.

Si c'est pendant la leçon, on peut, pour rompre la monotonie, ne faire apprendre les paroles de chaque couplet qu'au fur et à mesure qu'on apprend à chanter chacun de ces couplets. — Inutile d'attendre que les paroles soient parfaitement sues ; elles achèveront de se fixer dans la mémoire pendant l'étude musicale.

Conseils particuliers pour la section enfantine.

Les leçons de chant proprement dites ne comportent que l'étude de morceaux.

Ne pas faire d'exercices de solfège ; apprendre cependant à monter la gamme.

Ne commencer l'étude musicale de chaque couplet que lorsque les paroles en sont comprises et parfaitement sues.

Comme au cours élémentaire, donner une courte leçon de chant tous les jours.

NOTE. — Ne faire exécuter un morceau sur les rangs que s'il est possible aux enfants de l'exécuter avec harmonie tout en marchant.

LANGUE ÉTRANGÈRE

Le temps n'est peut-être pas loin où l'enseignement d'une langue étrangère deviendra obligatoire dans les Écoles primaires.

Quelques conseils sur la manière de faire les exercices oraux.

Le but principal de l'enseignement d'une langue étrangère à l'École primaire serait d'apprendre à *parler* cette langue. — Peut-être pourrait-on procéder ainsi :

Étude d'un mot nouveau. — Dire le mot en français, puis dans la langue étrangère, en l'articulant distinctement et lentement, puis plus vite.

Ensuite le faire prononcer comme il doit l'être, d'abord par toutes les élèves réunies, puis par quelques élèves individuellement.

Revisions de mots. — Dire les mots dans la langue étrangère et les faire dire en français par les enfants, et inversement.

Étude de phrases. — Faire composer des phrases dès que le nombre de mots déjà appris le permet, et procéder comme pour les mots.

NOTE. — Se reporter aux conseils donnés sur la manière de faire les exercices de langage.

Exercices écrits. — Après l'étude de l'écriture des

lettres, simples copies de mots, de phrases, et lecture de phrases écrites au tableau.

N'aborder que plus tard de très courtes dictées composées de phrases détachées.

Dans les copies et dans les dictées, faire écrire chaque phrase d'abord en français, puis dans la langue étrangère.

Note. — Ne pas attendre de connaître toutes les lettres pour faire commencer à écrire des mots.

CONCLUSION

Les principes, les procédés, les plans indiqués précédemment ne devront point être suivis servilement. — Tous seront marqués au coin de la marque d'originalité du maître. — Les procédés, les plans devront de plus se modeler sur les circonstances et le degré de développement des élèves.

Dans les écoles à plusieurs cours, surtout, l'application pratique des procédés même les meilleurs en théorie rencontre des difficultés extrêmes, vu l'obligation où se trouve le maître de faire marcher de front plusieurs divisions. Le temps n'est encore pas venu, hélas! où chaque classe ne sera composée que d'élèves de la même force. — En attendant, si, dans la pratique, les maîtres se voient obligés de renoncer à des moyens de détails qu'ils reconnaissent cependant bons, du moins qu'ils demeurent fidèles aux principes d'une bonne éducation intellectuelle.

A chaque maître revient aussi le soin de modifier, quand il le jugera à propos, la liste des livres à consulter.

CHAPITRE V

LEÇONS ET DEVOIRS

Leçons.

Les élèves ont à apprendre chez elles, le soir, les résumés des leçons qu'elles ont entendues en classe.

Choix de livres. — Il est plus facile pour les enfants d'apprendre les leçons sur des caractères d'imprimerie que sur des caractères d'écriture courante, surtout de leur écriture à elles. Donc, mieux vaut leur faire acheter des manuels que de leur faire copier les résumés des leçons.

Choisir, pour les élèves, des livres dont les sommaires réunissent bien vraiment les principales idées de chaque question :

Collection de manuels à l'usage des élèves de tous les cours des Écoles primaires, publiés sous la direction de M. Cazes, inspecteur général;

Collection de manuels à l'usage des élèves de tous les cours des Écoles primaires, publiés sous la direction de M. Marie-Cardine, inspecteur d'Académie;

Collection des *Carnets Charles Dupuy*.

Récitation des leçons. — Avant chaque leçon, interroger le plus grand nombre possible d'élèves sur la leçon précédemment faite.

Cette récitation comprend la récitation par cœur du résumé et la réponse à des questions posées par la maîtresse sur quelques points en particulier.

A quelques élèves, demander le résumé; à d'autres, le développement de détails.

Faire placer l'élève qui récite, debout devant toute la classe. Exiger la bonne tenue, la récitation à voix distincte, la correction du langage.

Faire de fréquentes revisions.

Cours élémentaire. — Ne pas donner de leçons à apprendre aux élèves des dernières divisions du cours élémentaire; les enfants répéteront simplement ce qu'elles auront retenu de la dernière leçon.

D'ailleurs, aussitôt après chaque leçon d'histoire, de géographie, de sciences, on peut leur faire résumer sur l'ardoise ce qui vient de leur être dit; on obtient ainsi parfois de charmants devoirs.

Corriger ces exercices séance tenante.

Section enfantine. — On peut, si on le juge à propos, faire copier, après chaque leçon, aux enfants les plus avancées de la section enfantine le mot principal de cette leçon.

Devoirs.

Devoirs à la maison. — On abuse actuellement des devoirs à la maison. Il est à désirer qu'ils soient défendus; mais, en attendant, voici quelques conseils :

Ne pas donner de devoirs à faire aux dernières divisions du cours élémentaire.

Aux élèves des premières divisions de ce cours ainsi qu'aux élèves du cours moyen, ne donner de devoirs que le jeudi et le dimanche.

Ces devoirs peuvent être le résumé d'une lecture faite

en classe, la copie de quelques mots dont on veut faire retenir l'orthographe. Mais pas de problèmes, pas de compositions françaises ; ce sont des devoirs que, pour bien des raisons, il est préférable de faire en classe.

Devoirs en classe. — L'emploi du temps ne permet pas, au cours moyen, d'avoir une heure déterminée pour les devoirs d'histoire, d'instruction civique, de géographie, de sciences. Faire faire ces devoirs au moment des récitations des leçons qui, par suite, se font ainsi quelquefois par écrit, lorsque le sujet le permet.

Pour le choix des textes de ces devoirs, consulter la liste donnée plus haut, à la suite des procédés indiqués pour chaque branche d'enseignement.

Avoir une heure déterminée à l'emploi du temps pour la composition française.

Correction des devoirs. — Tout devoir doit être annoté. Tenir compte, dans la note donnée, de la disposition, de l'écriture, de l'orthographe.

Que le devoir ait été corrigé en classe ou en dehors de la classe, ne jamais omettre la correction orale collective. Pour certains devoirs, quelques mots suffisent.

Mesures d'ordre.

La liste des leçons à apprendre, avec l'indication des pages où se trouvent ces leçons dans les manuels, et la liste des devoirs à faire à la maison sont inscrites au tableau noir. — Les enfants les copient à un moment déterminé par l'emploi du temps.

CHAPITRE VI

CAHIERS ET REGISTRES

Cahiers.

Cahiers des élèves. — Les principaux cahiers des élèves comprennent :

Un cahier journalier. (La hauteur du corps de l'écriture (fine moyenne) doit être déterminée dans les cahiers journaliers du cours élémentaire. Choisir des cahiers tracés conformément à cette indication.)

Du papier en cahier ou une ardoise pour servir aux brouillons des devoirs.

Un cahier pour les devoirs à la maison.

Un cahier de dessin.

Un carnet de chants.

Un cahier de morceaux choisis et un cahier de résumés de morale si les enfants n'ont pas de manuels.

Un cahier mensuel, dès l'entrée au cours élémentaire.

*
* *

Voici le tableau des devoirs mensuels tels qu'ils étaient rigoureusement exigés dès l'établissement du cahier mensuel.

TABLEAU DES DEVOIRS MENSUELS [1]

Première année.   *Deuxième année.*

Cours élémentaire.

1° Écriture.	Écriture [2].
2° Premiers exercices de langue française.	Premiers exercices de langue française [3].
3° Premiers exercices de calcul.	Premiers exercices de calcul.
4°	Premiers exercices de dessin.

Cours moyen.

1° Écriture.	Écriture.
2° Langue française.	Langue française.
3° Calcul.	Calcul.
4° Dessin, histoire, géographie, premiers exercices de composition française, alternativement [4].	Exercices de composition française.
5°	Dessin, histoire, géographie, instruction civique, alternativement [5].

Cours supérieur.

1° Écriture.	Écriture.
2° Langue française.	Langue française.
3° Calcul.	Calcul.
4° Exercices de composition française.	Exercices de composition française.
5° Dessin, histoire, géographie, morale, instruction civique, éléments de sciences physiques et naturelles, alternativement [6].	Dessin, histoire, géographie, morale, instruction civique, éléments de sciences physiques et naturelles, alternativement [6].

1. Tous les devoirs inscrits sous les n°° 1, 2, 3 et 4 se feront chaque mois dans tous les cours.

2. Dans la première année du cours élémentaire, tous les devoirs seront faits en grosse moyenne, et en fine moyenne dans la deuxième année. Dans les cours moyen et supérieur, les élèves sont exercées dans les trois genres d'écriture.

3. Faire suivre la dictée soit de petits exercices d'invention et de composition, soit de quelques notes à analyser grammaticalement.

4. De telle sorte que chacune de ces matières donne lieu à un devoir tous les trimestres.

5. A partir de la deuxième année du cours moyen, on fera chaque mois, en plus du devoir ordinaire, l'un des devoirs inscrits au n° 5.

6. Dans les deux divisions du cours supérieur, on fera chaque quinzaine, en plus du devoir ordinaire, l'un des devoirs inscrits au n° 5.

A la suite de récentes circulaires, il est laissé actuellement aux maîtres une plus grande latitude que ne l'indique le tableau précédent, pour la tenue du cahier mensuel.

Il est à souhaiter, je crois, que la suppression totale en soit bientôt décidée.

Cahier de roulement. — Mieux vaut le cahier de roulement sur lequel à tour de rôle toutes les élèves écrivent pendant une journée tous les devoirs de cette journée. Il faut avoir un cahier de roulement spécial pour chaque cours.

Cahiers de préparation de classe.

Cahiers de plans. — J'engage chaque maîtresse à avoir un cahier de plans spécial pour chaque branche d'enseignement. — Chacun des plans sera suivi d'une ou deux pages blanches pour les corrections, les modifications que la réflexion et l'expérience lui dicteront.

Cahier-journal. — Sur le cahier-journal, inscrire au jour le jour les titres des leçons et des devoirs. — Un simple numéro indique les pages des cahiers auxquelles il faut se reporter pour avoir les plans.

Le cahier-journal est obligatoire.

Cahier de notes.

Avoir un cahier des notes méritées par les enfants. — Le tenir régulièrement et avec ordre.

Registres.

Les registres à tenir sont : le registre d'appel et le registre matricule.

Registre d'appel. — Le registre d'appel doit être régulièrement tenu tous les jours.

Ne pas marquer les absences sur le registre dès la première heure de la rentrée, car les enfants peuvent arriver plus tard, ce qui obligerait à des ratures ennuyeuses. — Marquer les notes d'exactitude dans une colonne spéciale du cahier de notes.

Faire à la fin de chaque mois les totaux que comporte le registre d'appel.

Registre matricule. — Chaque classe possède un registre matricule qu'il faut tenir avec soin.

CHAPITRE VII

EMPLOI DU TEMPS

Un bon emploi du temps, on le sait, favorise le travail et la discipline.

Dans un emploi du temps, il faut autant que possible placer les exercices difficiles le matin; et alterner les exercices écrits avec les exercices oraux.

Sans qu'il soit absolument nécessaire de les inscrire, préparer en détail, une fois pour toutes, dans les classes à plusieurs divisions, les changements d'exercices pour lesquels il faut tout disposer de manière à ce que chaque division soit occupée pendant que l'on en installe une autre à un nouvel exercice.

Étant donnée la diversité des organisations des classes, il est difficile de conseiller des emplois du temps modèles. Cependant, il n'est peut-être pas absolument inutile d'en indiquer quelques-uns.

SECTION ENFANTINE (dernières divisions)

Matin.

HEURES.

8—9	Visite de propreté. — Jouets. — Jeux libres.
9—9 1/4	Morale.
9 1/4—9 1/2	Calcul ou Exercices de développement des sens.
9 1/2—9,45	Exercices de langage.
9,45—10	Récréation.
10—10 1/2	Dessin ou découpage, ou piquage.
10 1/2—11	Morceaux choisis. — Chant

Soir.

1—2	Visite de propreté. — Jouets. — Jeux libres.
2—2 1/4	Histoire, ou géographie, ou sciences.
2 1/4—2 3/4	Lecture et écriture.
2 3/4—3 1/4	Récréation.
3 1/4—3 40	Travail manuel (tricot, 2 fois). Tressage, ou tissage, ou pliage.
3 40—4	Chant.

Nota. — Entre chaque exercice, faire faire des mouvements de gymnastique.

COURS ÉLÉMENTAIRE ET SECTION ENFANTINE

Matin.

HEURES.	1ʳᵉ Division.	2ᵉ Division.	3ᵉ Division.
8—8 1/2	Morale.	Morale.	Morale.
8 1/2—9	Leçon d'arithmétique ou de système métrique ou problèmes.	Faire compter.	Constructions avec cubes.
9—9 1/2	Écriture.	Lecture.	Enfilage de perles, ou dessin libre.
9 1/2—10	Récréation.	Récréation.	Récréation.
10—10 1/2	Exercices d'orthographe.	Dessin avec lattes, ou piquage, ou tissage.	Dessin avec lattes, ou piquage, ou tissage.
10 1/2—11	Récitation de morceaux choisis, lecture et écriture.	Morceaux choisis, lecture et écriture.	Morceaux choisis, lecture et écriture.

De 10 h. à 11 h., une fois par semaine, composition française orale aux 3 divisions, puis composition française écrite à la 1ʳᵉ division seulement.

Soir.

	1ʳᵉ Division.	2ᵉ Division.	3ᵉ Division.
1—1 1/2	Sciences ou histoire, ou géographie, ou grammaire, ou exercices de grammaire.	Sciences, ou histoire, ou géographie, ou grammaire, ou exercices de grammaire.	Images, causeries, ou découpage.
1 1/2—2	Lecture.	Écriture.	Point de boutonnière.
2—2 1/2	Pliage ou confection d'objets en paille, ou dessin, ou exercices de développement des sens.	Pliage, objets en paille, dessin, exercices de développement des sens.	Pliage, objets en paille ou lattes, ou exercices de développement des sens.
2 1/2—3	Récréation.	Récréation.	Récréation.
3—3 3/4	Travail manuel (tricot, couture).	Travail manuel (tricot, couture).	Lattes.
3 3/4—4	Chant (puis chant de sortie).	Chant (puis chant de sortie).	Chant (puis chant de sortie).

COURS MOYEN

HEURES.	LUNDI.	MARDI.	MERCREDI.	VENDREDI.	SAMEDI.
			Matin.		
8—8 1/2	Morale.	Morale.	Morale.	Morale.	Morale.
8 1/2—9	Arithmétique (leçon).	Problèmes.	Problèmes.	Écriture.	Écriture.
9—9 1/2	Calcul mental. Opérations.	Composition française, orale.	Problèmes.	Système métrique ou dessin linéaire (alternativement tous les 15 jours.)	Instruction civique.
9 1/2—10	Récréation.	Récréation.	Récréation.	Récréation	Récréation.
10—10 1/2	Écriture.	Grammaire.	Sciences.	Lecture expliquée puis lecture du morceau expliqué.	Analyse logique et grammaticale.
10 1/2—11	Lecture récréative.	Lecture.	Lecture récréative.	Compte rendu de composition française.	Lecture.
			Soir.		
1—1 40	Exercices d'orthographe.	Exercices d'orthographe.	Composition française écrite.	Exercices d'orthographe.	Exercices d'orthographe.
1 40—1 50	Faire prendre leçons et devoirs.	Faire prendre leçons et devoirs	Faire prendre leçons et devoirs	Faire prendre leçons et devoirs.	Faire prendre leçons et devoirs
1 50—2 1/2	Histoire.	Sciences.	Géographie.	Histoire.	Sciences.
2 1/2—3	Récréation.	Récréation.	Récréation.	Récréation.	Récréation
3—3 3/4	Travail manuel.	Chant.	Dessin.	Travail manuel.	Travail manuel.
3 3/4—4	Travail manuel.	Lecture récréative.	Dessin.	Travail manuel.	Travail manuel.

NOTE. — Aux institutrices de fixer le moment où il leur sera le plus commode de faire prendre les leçons et les devoirs.

LIVRE III

ÉDUCATION MORALE

CHAPITRE I

PRINCIPES GÉNÉRAUX

Nécessité de l'éducation morale.

« Il serait aussi raisonnable de s'imaginer qu'on peut vivre sans respiration, ou voir sans lumière, que d'exclure le principe moral et religieux de l'œuvre de l'éducation personnelle. »

CHANNING.

« Nul homme n'est en sûreté contre le danger, sinon celui qui est armé de force morale, dont l'âme est énergique, les principes arrêtés, la volonté vertueuse. »

CHANNING.

La conscience a besoin d'éducation.

On néglige un peu la culture morale. Que les maîtres lui fassent une part plus large, très large dans leurs préoccupations, car elle est le point principal de l'œuvre d'éducation qu'ils poursuivent.

En particulier, que leur conduite envers leurs collègues et leurs élèves témoignent toujours, non pas de leur unique admiration pour l'esprit, mais de leur préférence raisonnée pour l'effort, la droiture, la bonté, la vertu.

Base de l'éducation morale.

« Pour donner un principe à la vertu, il faut de très bonne heure, imprimer dans l'esprit de l'enfant, une notion vraie de Dieu. »

LOCKE.

« Le fondement de toute vertu, de tout mérite, c'est que l'homme soit capable de se refuser à lui-même la satisfaction de ses propres désirs, de contrarier ses propres inclinations, et de suivre uniquement la voie que la raison lui indique comme la meilleure, quoique ses appétits l'inclinent d'un tout autre côté. »

LOCKE.

But de l'éducation morale.

« Je ne connais pour l'homme qu'une éducation véritable, c'est l'élévation de l'âme. »

CHANNING.

« La véritable éducation de l'homme consiste dans le développement des grandes idées morales. »

CHANNING.

« La chose la plus importante est de fonder le caractère, c'est-à-dire la fermeté de résolution. »

KANT.

« Ce sont les bonnes qualités du cœur qui donnent le prix aux autres. »

ROLLIN.

« C'est le cœur qui domine en l'homme, qui le rend tel qu'il est, et qui fait principalement sa conduite. Tout est grand quand le cœur est grand ; tout est petit quand le cœur est petit. »

GUYOT (*Port-Royal*).

« Quelle n'est pas pour tout être humain, l'importance de la vérité du caractère! L'influence de cette qualité sur l'ensemble de la moralité est si grande qu'il semble inutile de la signaler. »

Mme NECKER.

« Il y a dans les hautes montagnes des maisons de refuge situées de distance en distance pour abriter les voyageurs pendant les tempêtes de neige : peupler son cœur de goûts purs et élevés, c'est se bâtir à soi-même des maisons de refuge. »

LEGOUVÉ.

« Que le gouverneur lui fasse connaître (à l'élève) le monde tel qu'il l'est, et qu'il le dispose à penser que les hommes ne sont ni meilleurs, ni pires, ni plus sages, ni plus fous qu'ils ne sont en réalité. De la sorte, par des degrés insensibles et sans le moindre danger, l'élève, d'enfant deviendra homme : ce qui est le pas le plus périlleux à franchir dans le cours entier de la vie. »

LOCKE.

Caractère d'une bonne éducation morale.

Respect de l'enfant :

« Souvenez-vous que le but de l'éducation morale est de former un être apte à se gouverner lui-même, non un être apte à être gouverné par les autres. »

H. SPENCER.

« Oh! cet enfant, vous le comptez pour rien, vous jouez avec cette volonté naissante ; vous le contraignez sans raison, ou vous lui cédez sans prudence, eh bien !...... vous apprendrez tôt ou tard à vos dépens, quelle faute c'est de traiter un enfant avec légèreté et sans respect, ou bien avec dureté et sans amour. »

DUPANLOUP.

« On est bien plus sûr de se conduire comme il le faut dans la vie quand on comprend les bonnes et les mauvaises conséquences de ses actions, que lorsqu'on ne fait qu'y croire sur l'autorité des autres. »

H. SPENCER.

« On doit fort exhorter les enfants à se connaître elles-mêmes, leurs inclinations, leurs vices et leurs passions, et sonder jusqu'à la racine de leurs défauts. »

JACQUELINE PASCAL.

Soyez toujours vrais avec les enfants ; rejetez en particulier ces mensonges souvent ridicules auxquels on a recours trop fréquemment pour obtenir l'obéissance.

Respect de la faiblesse de l'enfant :

« Demander de la raison à des enfants, et exiger d'eux de la fermeté et de l'attachement au bien, c'est chercher du fruit dans un arbre nouvellement planté. Il faut donc s'accommoder à leur faiblesse pour quelque temps. »

Coustel. (*Port-Royal*).

Respect de l'originalité du caractère :

« Nous ne pouvons pas avoir la prétention de changer le naturel des enfants sans nous exposer à leur faire du tort, de rendre pensifs et graves ceux qui sont gais, folâtres ceux qui sont mélancoliques...... Poussons aussi loin que possible le génie naturel de chaque enfant, mais ne nous astreignons pas au vain travail de lui imposer un caractère qui n'est pas le sien. »

Locke.

Le respect de l'enfant n'exclut pas le principe de l'obéissance :

« Celui qui n'a pas pris l'habitude de soumettre sa volonté à la raison des autres, quand il était jeune, aura quelque peine à se soumettre à sa propre raison quand il sera à l'âge d'en faire usage. »

Locke.

La voix du maître remplace momentanément pour l'enfant la voix de sa propre conscience ; qu'elle la remplace dignement.

CHAPITRE II

MOYENS GÉNÉRAUX D'ÉDUCATION MORALE

L'éducation morale se fait à l'aide des principes et des habitudes.

I. — Principes.

a) **Principes moraux :**

« Un des moyens les plus efficaces pour régler la conduite de l'homme est de lui faire connaître ce qu'il est, à quelles conditions il a reçu l'être, quelles obligations et quels devoirs y sont attachés, où il doit tendre et quelle est sa fin. »

Rollin.

Faire connaître Dieu comme « l'Être indépendant et suprême, comme l'auteur et le créateur de toutes choses, de qui nous tenons tout notre bonheur, qui nous aime et nous a donné toutes choses. »

Locke.

« L'homme, sorti des mains de Dieu, dont il est non seulement l'ouvrage le plus excellent, mais encore l'image la plus parfaite, se ressent en tout ce qu'il est de la noblesse de son extraction, et porte comme empreints dans sa nature les traits et les caractères de son origine. »

Rollin.

« Tout marque dans l'homme, même à l'extérieur, sa

supériorité sur tous les êtres vivants ; il se soutient droit et élevé, son attitude est celle du commandement, sa tête regarde le ciel et présente une face auguste sur laquelle est imprimé le caractère de la dignité. »

BUFFON.

« ...... Mais le corps n'est pour ainsi dire que l'enveloppe de la machine. Il y a, à l'intérieur, une force qui fait mouvoir ces organes, qui les dirige et qui est assez puissante pour mener le corps où il ne voudrait pas aller, pour pousser le soldat au-devant du canon. Cette force intérieure, c'est l'â.. ie qui a des facultés comme le corps a ses organes. Il y a ... l'esprit qui a pour objet la recherche de la vérité. Et puis...... il y a ce qu'on appelle dans le langage ordinaire, le cœur, c'est-à-dire les passions qui nous poussent et nous agitent et une volonté qui met toute la machine en jeu. Enfin...... la conscience, miroir incorruptible qui nous permet de nous voir nous-mêmes, de nous observer, de nous juger quand nous agissons. »

ED. LABOULAYE.

« ...... Mais ce qu'il y a de plus beau dans l'âme, c'est qu'elle porte en elle-même l'idée de l'infinie sagesse, de l'infinie puissance, de l'infinie bonté. O merveille ! toi, simple enfant, tu peux concevoir, tu peux aimer, tu peux vouloir l'infinie perfection ! L'âme est l'image de Dieu. »

GUYAU.

« Les lois des hommes, leurs ordres et leurs défenses n'ont pas la puissance de nous prescrire le bien et de nous détourner du mal; cette puissance, non seulement elle existait avant qu'il y eût des peuples et des États, mais elle est contemporaine de ce Dieu dont la providence gouverne et le ciel et la terre. »

CICÉRON.

« Deux choses remplissent l'âme d'une admiration et d'un respect toujours renaissants et qui s'accroissent à mesure que la pensée y revient plus souvent et s'y applique davantage : *le ciel étoilé au-dessus de nous, la loi morale au dedans*. Je n'ai pas besoin de les chercher et de les deviner, comme si elles étaient enveloppées de nuages, ou placées, au delà de mon horizon, dans une région inaccessible ; je les vois devant moi, et je les rattache immédiatement à la conscience de mon existence. »

KANT.

« ... Ce n'est pas l'acte réel, mécaniquement exécuté et ne dépendant, sous ce rapport, qu'à demi de moi ; ce n'est pas lui qui fait le prix et la valeur d'une action, c'est l'acte moral, c'est-à-dire la libre détermination de ma volonté, qui toujours dépend de moi. La voix de la conscience ne cesse de me le répéter. »

FICHTE.

b) **Les principes chez l'enfant.** — L'enfant, qui lui aussi est doué d'une conscience, et qui est naturellement porté vers le grand, le mystérieux, peut, de très bonne heure, entrevoir les notions de Dieu, d'immortalité, d'acte moral. Assurément, il revêt ces notions de formes qui lui sont familières ; assurément, pour lui, l'acte moral est uniquement l'acte qui fait plaisir à ses parents ou à ses maîtres ; mais, peu à peu, des principes plus purs, reconnus par la conscience plus éclairée, se dégagent et s'élèvent sur ces salutaires primitives impressions.

c) **Nécessité des principes.** — Pour faire œuvre d'éducation morale, il est nécessaire de joindre la puissance du principe à la force de l'habitude. Lorsque les passions, les influences ont fait sauter la cuirasse protectrice formée par les bonnes habitudes, et que l'âme est en danger, la personnalité accentuée, forte des principes, peut résister encore à l'entraînement et faire triompher le bien.

D'ailleurs, il est digne d'un être raisonnable d'avoir la clarté du bien, l'attachement à ce bien, le désir de le réaliser, d'être en somme non pas seulement un tissu de bonnes habitudes, mais d'avoir encore en lui un foyer de vie morale, de vie morale intense, profonde, continue.

d) **L'enseignement de la morale est à la fois la base et un des résultats de tout l'enseignement et de la direction totale de la classe.** — Il est trop certain que l'instruction n'entraîne pas nécessairement à sa suite la vertu. Pour que « le gain de notre étude » soit « en être devenu meilleur et plus sage », il faut que cette étude soit faite dans un esprit large et élevé.

Pour cela, enseigner de manière à développer les facultés, à faire aimer l'étude, à mettre en honneur les principes de morale, et à tuer le pédantisme, l'esprit de parti.

Faire comprendre aux enfants qu'ils ne savent que les éléments des sciences, et encore qu'ils ne savent que quelques éléments.

Leur faire parfois remarquer, au cours des divers enseignements, que les savants eux-mêmes n'ont encore pas résolu bien des questions.

« Enseigner aux jeunes gens enflés de la science des livres que tout n'est pas dans les livres. »

LEGOUVÉ.

De plus, il faut, dans toutes les circonstances, affirmer sa préférence pour la vertu.

Saisir toutes les occasions qui se présentent d'insinuer un bon conseil, un principe moral; mais ne pas exagérer et moraliser à tout instant et à tout propos, car on irait à l'encontre du but que l'on se propose.

« Il est facile de faire des discours de morale pendant une heure ; mais d'y rapporter toutes choses sans qu'un enfant s'en aperçoive ou s'en dégoûte, c'est ce qui demande une adresse qui se trouve en peu de personnes. »

NICOLE.

e) **Leçon de morale**. — *Nécessité de la leçon de morale.* — Assurément, la morale « est en quelque sorte la fleur de tous les autres enseignements », et, dans une éducation bien comprise, elle s'infiltre dans les jeunes âmes, sans que les enfants même s'en aperçoivent. Mais à cette éducation morale, continue et latente, il est nécessaire de joindre un enseignement proprement dit des principes moraux qui gagnent ainsi en précision sans rien perdre de leur force incisive, émouvante, si la leçon est bien faite. Je dis leçon, je devrais dire entretien.

La leçon de morale dans l'emploi du temps. — Avoir un entretien sur la morale, ne fût-il que d'un quart d'heure, tous les matins, dès la rentrée, c'est bien commencer la journée.

Il est bientôt huit heures; d'une minute à l'autre, le nombre des élèves augmente dans la cour. Chacune, en arrivant, s'approche de la maîtresse pour la saluer et, s'il y a lieu, répondre à ses questions, puis va rejoindre ses compagnes, qu'elle aborde par un bonjour amical. — Toutes vont passer ensemble une longue journée. Il faut leur inspirer la confiance et le désir de bien faire.

L'heure sonne. Je vois la maîtresse conduire toutes ses élèves en classe, en silence. Arrivées à leur place, toutes restent debout. C'est l'habitude. L'institutrice fait l'appel, puis la visite de propreté, si elle n'a pas été faite dans la cour. La visite achevée, la maîtresse, placée devant toute sa classe, fait commencer, à un signal donné, un chant, un chant *du matin*, d'une harmonie douce et recueillie, dont les paroles élèvent l'âme.

C'est la *Prière de l'enfant*, de Lamartine, mise en musique par Mendelssohn :

> O Dieu, ma bouche balbutie
> Ce nom des anges redouté.
> Un enfant même est écouté
> Dans le chœur qui te glorifie.
> ....
> Console aussi celui qui pleure,
> Donne au malade la santé,
> Au prisonnier la liberté,
> A l'orphelin une demeure.
> .... etc.

C'est l'*Hymne des temps futurs*, poésie de Maurice Bouchor, musique de Beethoven (Chant de l'*Ode à la joie*) :

> ....
> Paix et joie à tous les hommes
> Dans les siècles à venir !
> Mais Celui par qui nous sommes,
> C'est lui seul qu'il faut bénir.
> .... etc.

(Consulter les recueils indiqués au chapitre : Chant.

Le chant est exécuté tout au long. Quand il est achevé, les élèves s'asseyent. Toujours le silence. La maîtresse, à son bureau, domine sa classe. Si elle le juge à propos, elle fait à ce moment quelques remontrances publiques aux enfants dont l'inspection de propreté n'a pas été satisfaisante. Puis elle s'informe des raisons des absences de la veille, de la santé des enfants, des parents malades. Ensuite, elle fait quelques réflexions sur la manière dont s'est passée la journée précédente pour toutes ou pour quelques-unes, afin de relier la classe de la veille à celle du jour. Et même, pour habituer ses élèves à l'œuvre de l'éducation personnelle, qu'elle leur demande assez fréquemment si elles ont songé à terminer leur journée par un examen de conscience.

Tout cela n'a demandé que quelques minutes. Alors, a lieu l'entretien de morale, qui à huit heures et demie est terminé. Puis les cours commencent, et l'éducation morale continue... Parfois, ces seuls mots : « Vous oubliez donc ce que nous avons dit ce matin » suffisent à ramener une enfant qui s'écarte de la bonne voie.

Sujets des leçons de morale. — Il existe un programme pour l'enseignement de la morale. On peut en traiter chaque partie dans l'ordre suivant par exemple :

Devoirs envers soi-même :

    Devoirs envers le corps.
    Devoirs relatifs aux biens extérieurs.
    Devoirs envers l'âme.
    Conclusion : la dignité.

Devoirs envers les animaux.
Devoirs envers la nature.
Devoirs envers la société.

    La société.
    Devoirs de justice.
    Devoirs de charité.

La Famille.
L'École.
La Patrie.
Dieu.
La Mort, — l'Immortalité.
La Conscience.
La Responsabilité, — la Personnalité.

REMARQUES. — 1° Ne pas omettre de détailler, en plusieurs leçons, les prescriptions de la politesse.

2° Si l'on veut aller au plus pressé, traiter, au début de l'année, les devoirs dans la Famille et à l'École.

*
* *

Mais ce programme, que l'institutrice sache l'interrompre chaque fois que les circonstances l'exigent.

Un jour, elle l'interrompt pour parler du mensonge, parce que la veille une enfant a menti ; un autre jour, elle devra revenir sur la délation, parce que des élèves étaient sur le point de s'en rendre coupables, etc.

Oh ! ces interruptions du programme qui permettent d'approprier le sujet de la leçon de morale aux incidents de la vie des élèves, que la maîtresse les fasse aussi nombreuses que le bien des enfants l'exige.

Qu'elle ne craigne même pas de revenir bien souvent sur les mêmes sujets s'il y a lieu, et avec les enfants, on le sait, certains sujets ont besoin d'être à chaque instant renouvelés : c'est la sincérité..... l'amour du travail..... la politesse..... la douceur, etc.

Parfois encore, ce sera un fait qui vient de se passer dans la ville, dans le département, en France, qui fera le sujet de l'entretien du matin. C'est un moyen de tenir les enfants intelligemment au courant d'actualités. Je parle d'actualités dont le commentaire, ne présentant aucun danger d'aucune sorte, offre au contraire matière à des réflexions morales ou patriotiques.

L'explication des paroles des chants du *matin* et des chants du *soir* peut encore servir de sujet à l'entretien du matin.

Je vous entends !..... la fin de l'année approche et votre programme ne sera pas parcouru !..... Eh bien !

quoi!..... est-ce un exercice de mémoire, une course à travers un programme que vous avez à faire, ou bien une œuvre d'éducation ?

Manière de faire une leçon de morale. — Comment faire une leçon de morale ?

Ne vous attendez pas, chères élèves, à recevoir des conseils précis et des plans pouvant vous servir de guides dans ces entretiens du matin comme vous en avez reçu pour les diverses branches de l'enseignement. J'aurais trop peur de laisser naître ainsi dans votre esprit la pensée que toutes les leçons de morale peuvent être faites d'après un même modèle, car ce serait tuer l'enseignement de la morale.

Qu'avez-vous à faire ? Éclairer puis échauffer. Éclairer, non apprendre. Sauf lorsqu'une actualité en fait le sujet, aucune connaissance du dehors en effet n'est apportée dans ces entretiens. Les principes de vie sont inscrits dans l'âme, la conscience de l'enfant comme dans celle du savant ; il suffit d'y apporter la lumière et il les lira lui-même.

Mais savoir ne suffit pas, il faut encore aimer et vouloir. Reste donc à échauffer le cœur pour entraîner la volonté. Le cœur ! enflammons-le d'amour pour les principes de vie, car le cœur est force et il est aussi lumière.

Mais comment éclairer, comment échauffer ?..... Et d'abord vous, avez-vous la lumière et la chaleur ? Non... Eh bien ! tous les conseils sont inutiles ; et cependant si, tenez, un seul conseil : choisissez des lectures sur les sujets que vous voulez traiter... et faites-les tout simplement. Ces lectures vaudront mieux que tout ce que vous pourriez dire. Et encore, saurez-vous les choisir !...

Mais vous avez la lumière, la chaleur......... Eh

bien, suivez-les, laissez parler votre cœur. Vous saurez bien, parce que vous connaissez vos élèves, trouver le point par où vous pourrez faire pénétrer la lumière dans leur âme, vous saurez trouver surtout le chemin de leur cœur, et vous éviterez la banalité ou le charme qui endort pour faire la place large au conseil viril, au noble entraînement.

Pourtant, voici *quelques conseils pratiques* :

Procédez le plus possible par interrogations pour faire dégager aux élèves elles-mêmes, les principes de la morale. Parfois, par raison d'étourderie, ou d'obscurité, ou déjà de déviation de conscience, les réponses seront erronées. Doucement, redressez-les.

Lorsque vous traitez de qualités ou de défauts quelconques, commencez par les bien déterminer à l'aide d'exemples, puis étudiez-en les causes, les conséquences et cherchez-en les remèdes.

Donnez beaucoup d'exemples ; moins abstraits que les formules, ils servent à faire la lumière dans l'esprit et à toucher le cœur.

Citez quelques préceptes, quelques maximes se rapportant au sujet traité.

Faites le plus souvent possible des lectures, soit pour servir d'appui aux principes énoncés, soit au contraire pour servir de textes desquels on dégage des principes.

Pour établir un lien entre toutes les questions de détail, ramenez chacune d'elles à la grande question de perfectionnement, d'idéal.

Au cours élémentaire, et plus encore à la section enfantine, enseignez la morale surtout sous forme d'historiettes.

Est-il besoin d'ajouter que dans son enseignement de la morale, comme dans ses autres enseignements, et dans toutes ses paroles et toutes ses actions, l'institutrice doit faire preuve de tact, de largesse d'esprit et de tolérance?

Remarque disciplinaire. — Les retardataires doivent être habituées à entrer sans bruit, et à attendre, près de la porte d'entrée, la fin de la leçon de morale. Se contenter de les regarder un instant en silence, et réserver les observations sur leur inexactitude pour la fin de l'entretien.

Préparation de la leçon. — Les principes mêmes de chaque leçon de morale sont sus par la maîtresse et ne sont point à étudier il est vrai, mais la manière de les présenter aux élèves exige une préparation sérieuse. Trouver la forme qui permettra le mieux d'éclairer l'esprit des enfants et d'échauffer leur cœur, quel laborieux travail! Ne compromettons pas le fruit de notre enseignement moral par notre négligence à le faire. Et, pour plus de précision, fixons même notre préparation sur un carnet spécial.

Livres à consulter pour la préparation des leçons et le choix des lectures. — Consulter la liste des livres, des journaux, indiquée au chapitre « *Lectures en classe et dans la famille* ».

Joindre à cette liste : *La Bible*; *L'Imitation de Jésus-Christ*; *La Vie des hommes illustres*, de Plutarque; *Les Extraits des moralistes*, par Thamin; *La morale familière*, de Stahl; *La vie morale*, de Steeg; *Les Lectures morales et littéraires*, par Mlle Jeanne Vaudouer; *Les Livres de morale* (livres du maître), de Louis Boyer, dans lesquels on trouvera un choix de lectures; *Les Lectures morales et civiques*, par Compayré et Delpland; *Pour nos enfants*, par Vessiot; *Les Pères et les Enfants, Nos fils et nos filles*, tous deux par Legouvé.

Récitation de la morale. — Assurément, ce que l'on est importe infiniment plus que ce que l'on sait. — Cependant, étant donné que les mots influent sur la pensée, et la pensée sur l'action, il est bon de fixer les principes moraux dans la mémoire. Pour cela, s'assurer, au commencement de chaque leçon de morale, que les enfants ont retenu les idées principales, les préceptes, les maximes de la leçon précédente. Si la leçon a été bien faite, le souvenir en est facile.

Mais que cette *récitation* ne ressemble en rien à celle des autres leçons, sans quoi ce serait dénaturer l'enseignement de la morale. On peut demander aux enfants, par exemple, pourquoi elles aiment ou détestent la qualité ou le défaut dont on leur a parlé la veille, quelles réflexions la leçon leur a suggérées, quelles résolutions elles ont prises, quels moyens elles auront à employer pour les tenir, etc.

Livre de morale à l'usage des élèves des écoles primaires. — Il est bon qu'un souvenir palpable de l'enseignement moral demeure entre les mains des enfants.

Nécessité d'un livre de morale. — Ce souvenir ne peut pas consister dans un carnet de résumés suivis de résolutions, faits librement par les enfants. Les essais ont prouvé l'insuffisance de ce procédé : souvent mauvaise tenue, toujours banalité. Ce procédé peut présenter en outre un danger dans l'habitude qu'il pourrait faire prendre aux jeunes filles de tenir un journal de leurs confidences.

Le carnet des résumés donnés par la maîtresse après chacune de ses leçons de morale est préférable au carnet précédent, mais est encore insuffisant. D'abord, ces résumés sont souvent médiocres, soit comme fond, soit comme forme. Et même, quand ils sont bons, ces carnets de résumés copiés présentent encore dans la pratique assez d'inconvénients pour y faire renoncer.

Voici les principaux : On sait que ces résumés sont les copies des quelques lignes que la maîtresse écrit au tableau après chaque leçon.

Le temps passé à ces copies serait plus utilement employé à un autre exercice : à des lectures, par exemple, encore si négligées dans nos écoles.

Pour la tenue complète de chaque carnet, des difficultés nouvelles résultent des absences des enfants.

Il est pénible, même pour de grandes personnes, de lire, d'étudier des pages écrites d'une écriture indécise, à plus forte raison pour des enfants.

La tenue des cahiers de résumés copiés peut même nuire à la bonne direction des leçons de morale elles-mêmes.

Qui peut répondre de ce que fera la maîtresse au moment de choisir le sujet de sa leçon, lorsqu'elle sera placée entre ces deux alternatives : ou d'interrompre son cours pour traiter une question appropriée aux circonstances, aux incidents de la vie des élèves, toutes les fois que le bien des enfants l'exige; ou de continuer son cours de morale afin d'avoir plus sûrement, au moment d'une inspection, un ensemble de résumés très conforme au programme ?

De plus, un carnet de résumés de morale copiés ne me paraît pas devoir offrir assez d'attrait plus tard aux enfants, après leur sortie de l'école.

Conditions d'un manuel de morale. — Un manuel de résumés de morale destiné à remplacer les résumés copiés est donc préférable. Il me semble bon que ce manuel soit un recueil de citations empruntées à de bons auteurs; citations se rapportant à chacun des grands devoirs, des qualités, des défauts,..... que les institutrices peuvent avoir à traiter dans leurs leçons de morale.

La lecture d'un tel recueil serait plus touchante, plus suggestive que celle de résumés arides, même plus complets sur chaque question.

Vu la difficulté d'un choix, quelques-unes de ces citations seraient peut-être abstraites pour les élèves, mais les explications de la maîtresse y feraient jaillir la lumière. Dans l'ordre des idées morales, mieux vaut d'ailleurs familiariser de bonne heure les enfants avec de belles pensées exprimées dans un beau langage.

Un recueil de citations souvent signées de grands noms inspirerait plus tard à ses possesseurs plus d'attachement, de confiance que de simples résumés

Pas de manuel de morale pour le cours élémentaire. Un seul manuel pour les cours moyen et supérieur. C'est dans la manière de faire la leçon qu'il faut surtout se mettre à la portée des enfants.

Emploi du manuel des résumés de morale. — La maîtresse donne à apprendre par cœur à ses élèves une des citations qui se rapportent au sujet traité. Quelle que soit la forme qu'elle ait donnée à son entretien, elle serait bien malhabile si elle n'avait su procéder de façon à éclairer suffisamment la citation pour que les enfants la comprennent.

II. — Habitudes.

a) **Importance de l'habitude.** — L'habitude, cette *seconde nature* est tout particulièrement d'une grande importance en éducation morale.

Lorsque le principe vacille obscurci par le doute, lorsqu'il faiblit battu par la passion, l'habitude oppose encore à une chute complète une résistance sourde, tenace qui donne souvent à l'âme le temps de se ressaisir et de retrouver la paix et la lumière.

L'habitude encore conserve parfois l'unité dans une âme qui cherche, sans le trouver assez vite, le principe directeur de sa vie.

Et enfin, même avec des principes arrêtés et ordinairement triomphants, l'habitude est encore précieuse. La voie du perfectionnement, en effet, est pénible et longue à parcourir. Faudrait-il donc en rester continuellement à la période du raisonnement et de l'effort, et ne jamais nous appuyer sur la force de l'habitude, de la nature acquise? Mais alors nous n'avancerions pas assez vite, et il nous serait impossible d'élever de degré en degré l'idéal que nous nous proposons. — Notre vertu respirant toujours l'effort, ne participerait jamais de la douceur tranquille, de la grâce calme de la vertu idéale. — Enfin, il est beau de bien penser, mais il est beau aussi de bien agir; l'action, la bonne action, mais elle importe beaucoup ! or, c'est l'habitude qui la facilite.

Craint-on, en supprimant l'effort, de diminuer le mérite? Hélas, nous sommes toujours assez loin de la perfection pour être obligé de faire bien large la part de l'effort que nous coûte chaque nouveau degré à franchir dans notre ascension vers l'idéal.

b) **L'habitude chez l'enfant.** — L'habitude est une force, un puissant auxiliaire dont nous ne devons pas nous priver dans l'œuvre de l'éducation morale.

D'ailleurs, n'est-ce pas, que nous le voulions ou non, les enfants prendront des habitudes; notre devoir est donc de profiter de cette loi de nature pour leur faire prendre celles qui affirment les bonnes tendances et combattent les mauvaises.

Même dans le jeune âge, c'est par l'habitude inconsciemment acquise que se commence l'éducation morale; les principes viennent ensuite.

c) **Mesures préventives contre les mauvaises habitudes. Formation des bonnes habitudes.**

« Le grand point est de prévenir le mal : il faut donc entourer l'enfant de sollicitude, épier les tentations, et lui prêter appui pour l'empêcher de succomber jusqu'à ce que la mauvaise tendance soit tout à fait redressée. »

Mme PAPE-CARPENTIER.

« Si de très bonne heure on s'occupe avec soin des enfants, alors l'action paternelle et de bons enseignements peuvent beaucoup. Au contraire, si on laisse de mauvaises et de funestes maximes entrer une fois dans leur esprit, alors la tyrannie de l'habitude se rend invincible en eux, et il n'y a plus de remède qui puisse guérir le mal. Pour empêcher qu'il ne devienne incurable, il faut le prévenir. »

BOSSUET.

Il faut en quelque sorte mettre les mauvaises habitudes dans l'impossibilité de naître ou de se développer, en entourant l'enfant d'une atmosphère morale qui leur soit mortelle, et qui au contraire vivifie toutes les bonnes habitudes.

*
* *

Tout, à l'école, doit concourir à ce résultat :

La tenue matérielle de la classe. — Une enfant qui entre dans une classe bien tenue s'y sentira mal à l'aise, si le désordre de sa toilette jette une note discordante dans l'ordre général. Sans s'en rendre compte, une autre enfant dont la tenue est irréprochable, s'y sentira au contraire dans son élément.

Le règlement. — La discipline. — Une enfant portée à la dissipation, à la désobéissance, se sent presque dans l'impossibilité de suivre ses penchants si elle demeure dans une classe où les élèves sont respectueuses, où tout est calme, où chacun suit ponctuellement un règlement intelligent et net, fait gaiement son devoir, et jouit consciencieusement de ses récréations.

L'impression première de la journée de classe. — Rendre cette impression première salutaire, en commençant la journée comme on l'a vu plus haut, au paragraphe : Leçon de morale dans l'emploi du temps.

L'impression dernière de la journée de classe. — Le soir, faire partir les enfants sous une impression analogue à l'impression première du matin. (Si on le juge à propos, deux élèves par exemple seront chargées d'aller au vestibule chercher les vêtements, les paniers..., etc., et de les distribuer aux enfants qui s'habillent en classe, en silence, chacune à sa place, et qui, à un signal, se mettent en rangs.)

Les élèves sont sur leur départ; elles sont en rangs. La maîtresse dit un mot qui résume son impression sur la journée, puis fait commencer un chant, un chant analogue à ceux du matin.

C'est, par exemple :

La Nuit

Viens, voici ton heure, ô Nuit,
Viens tranquille et pure ;
Laisse nos vallons sans bruit,
Sans voix, sans murmure.

Toi que garde sous sa main
Dieu ton maître souverain,
Dors, ô nature, jusqu'au jour ;
Dors, ô nature, etc.

Voir les recueils de chants cités plus haut.

Les mesures de détails. — Par exemple, si l'institutrice ne peut étendre sa surveillance aussi loin qu'elle le désirerait pendant que les enfants se rendent dans leurs familles, qu'elle confie certaines élèves à d'autres dans lesquelles elle a confiance ; elle préviendra peut-être ainsi la formation de quelques mauvaises habitudes.

L'enseignement, la direction générale de la classe, la leçon de morale, qui entre les mains d'un bon maître sont si favorables au développement des bonnes habitudes.

L'exemple :

« Dans tous les âges, l'exemple a un pouvoir étonnant sur nous ; dans l'enfance, il peut tout...... C'est pourquoi il est capital de ne leur offrir (aux enfants) que de bons modèles. »

FÉNELON.

« ... Il est encore une autre voie plus courte et plus sûre pour conduire les jeunes gens à la vertu : c'est celle de l'exemple ; car le langage des actions est tout autrement fort et persuasif que celui des paroles. C'est un grand bonheur pour les jeunes gens de trouver des maîtres dont la vie soit pour eux une instruction continuelle ; dont les actions ne démentent jamais les leçons ; qui fassent ce qu'ils conseillent et évitent ce qu'ils blâment, et qu'on admire encore plus lorsqu'on les voit que lorsqu'on les entend. »

ROLLIN.

Les relations avec les parents :

« Un des moyens les plus sûrs de leur être utile (aux élèves), c'est d'entretenir commerce avec les parents, de s'informer par eux de leur caractère et de leur conduite ; à la première absence d'un écolier, de leur en donner aussitôt avis pour en prévenir les suites dont, sans cela, on se rend responsable...... Je sais que la plupart des parents songent peu à voir les professeurs...... mais leur nonchalance ne doit point empêcher ni diminuer le zèle de ceux-ci. »

ROLLIN.

Quelques mesures extraordinaires. — Si une élève a un chagrin, causé par une maladie sérieuse ou la mort d'un des siens... supprimer les chants de marche de la journée.

Les supprimer encore lorsqu'une faute grave a été commise par une élève.

Tous les ans, aux environs de Noël, demander aux enfants d'apporter en classe leurs vieux effets, leurs vieux jouets après les avoir réparés de leur mieux ; en faire des lots qu'elles distribueront elles-mêmes aux enfants pauvres.

d) **Mesures répressives contre les mauvaises habitudes.** — *Vigilance.* — Surveiller avec beaucoup de vigilance l'éclosion des mauvaises habitudes.

« L'essentiel dans l'éducation, après la culture des bons sentiments... est d'arrêter le cours des mauvais mouvements, d'empêcher qu'en se prononçant par des actions répétées ils ne donnent naissance à des défauts qui deviennent difficiles à corriger. »

Mme NECKER.

Indulgence. — Ne pas exagérer cependant, et voir poindre le mal jusque dans les moindres paroles et les moindres actions des élèves.

« Avec les enfants, l'indulgence est toujours plus près de la justice que la sévérité. »

DUPANLOUP.

« Il faut toujours tout voir, mais ne pas toujours montrer qu'on voit tout; il faut fermer les yeux, il faut laisser passer des fautes! »

Mme DE MAINTENON.

« C'est un défaut assez ordinaire d'employer la réprimande pour les fautes les plus légères, et qui sont presque inévitables aux enfants; et c'est ce qui lui ôte toute sa force et en fait perdre tout le fruit, car ils s'y accoutument, n'en sont plus touchés et en font un jeu. »

ROLLIN.

Réprimer avec bonté. — Lorsqu'on se trouve véritablement en face de l'éclosion d'une mauvaise habitude, vite il faut réprimer, mais réprimer avec bonté et avec fermeté.

« J'accuse toute violence en l'éducation d'une âme tendre qu'on dresse pour l'honneur et la liberté. Il y a je ne sais quoi de servile en la rigueur et en la contrainte; et tiens que ce qui ne se peut faire par la raison, et par prudence et adresse, ne se fait jamais par la force. »

MONTAIGNE.

« Tout ce qu'on fait malgré soi et par violence, on se hâte de l'abandonner dès qu'on le peut, et tant qu'on le fait on n'y trouve ni profit ni plaisir. »

LOCKE.

« La crainte est comme les remèdes violents qu'on emploie dans les maladies extrêmes; ils purgent, mais ils altèrent le tempérament et usent les organes; une âme menée par la crainte en est toujours plus faible. »

FÉNELON.

« En matière d'éducation, les châtiments sévères font peu de bien et peuvent faire beaucoup de mal; et je crois que toutes choses égales d'ailleurs, les enfants qui ont été les plus châtiés ne font pas les meilleurs hommes. »

LOCKE.

« Croyez-moi, vous tous qui gouvernez les enfants et les hommes, pour arriver à votre but, la persuasion est le chemin le plus court et le plus sûr ; on ne pousse pas les gens à la vertu, mais on les y attire. »

Mme Pape-Carpentier.

« Ne prenez jamais sans une extrême nécessité un air austère et impérieux qui fait trembler les enfants. Souvent, c'est affectation et pédanterie dans ceux qui gouvernent ; car, pour les enfants, ils ne sont d'ordinaire que trop timides et honteux. Vous leur fermeriez le cœur et leur ôteriez la confiance sans laquelle il n'y a nul fruit à espérer de l'éducation. Faites-vous aimer d'eux ; qu'ils soient libres avec vous, et qu'ils ne craignent point de vous laisser voir leurs défauts. Pour y réussir, soyez indulgents à ceux qui ne se déguisent point devant vous. Ne paraissez ni étonné, ni irrité de leurs mauvaises inclinations ; au contraire, compatissez à leurs faiblesses. Quelquefois, il en arrivera cet inconvénient qu'ils seront moins retenus par la crainte ; mais à tout prendre, la confiance et la sincérité leur sont plus utiles que l'autorité rigoureuse. »

Fénelon.

« Ne craignez pas même de compatir à leurs petites infirmités pour leur donner le courage de les laisser voir. La mauvaise honte est le mal le plus dangereux et le plus pressé à guérir ; celui-là, si l'on n'y prend garde, rend tous les autres incurables. »

Fénelon.

« Rappelez-vous qu'une moralité supérieure, de même qu'une intelligence supérieure, doit être le fruit d'un long développement, et vous prendrez en patience les imperfections que montre à chaque instant votre enfant. »

H. Spencer.

« Ayez une grande douceur pour elles et une douceur sans bornes ; semez et attendez les fruits, ils viendront dans leur temps. »

Mme de Maintenon.

« Il faut amener le repentir, et non de vaines promesses qui ne signifient rien. »

Mme PAPE-CARPENTIER.

Réprimer avec fermeté :

« Une *mère* faible qui menace sans cesse et qui agit rarement, qui fait des lois précipitamment et qui s'en repent ensuite, qui montre pour la même faute tantôt de la douceur et tantôt de la sévérité selon son humeur passagère, prépare mille peines à elle et à son enfant. »

H. SPENCER.

« Il faut observer comme une maxime inviolable de ne jamais accorder à leurs cris ou à leurs importunités ce qu'on leur a une fois refusé. »

LOCKE.

« Il faut tâcher même de leur accorder souvent ce qu'elles demandent pour leur refuser ce qui serait mal avec une fermeté qui ne se rende jamais. »

Mme DE MAINTENON.

Être ferme dans son devoir même contre les menaces.

« Ne te laisse pas effrayer par de vaines paroles : qu'elles ne te détournent pas des projets honnêtes que tu as formés. »

PYTHAGORE.

CHAPITRE III

MOYENS D'ÉDUCATION PARTICULIERS A CHAQUE ENFANT

I

Un éducateur ne peut faire véritablement œuvre de bonne éducation que s'il connaît à fond les sujets qu'il cultive.

Il est difficile assurément de bien connaître une âme, et en particulier une âme d'enfant. Cependant, le caractère distinctif de chacun se dessine de bonne heure, et puis la facilité avec laquelle les enfants découvrent leurs inclinations à qui les aime sincèrement vient en aide à l'éducateur dans cette étude psychologique. Suivez donc vos élèves avec bonté, en classe, en récréation, dans leur famille. Épiez, sans même qu'elles s'en aperçoivent, les manifestations de leur intelligence, de leur cœur, de leur caractère. Puis, après de prudentes et sûres observations, cultivez ces âmes que vous connaissez.

« Ce qui facilite le plus la conduite des enfants est la coutume que l'on a de leur parler en particulier. C'est dans ces entretiens qu'on les soulage de leurs peines, qu'on entre dans leur esprit pour leur faire entreprendre la guerre à leurs défauts, qu'on leur fait voir leurs vices et leurs passions jusque dans la racine; et je puis dire que quand Dieu leur donne une parfaite confiance en leur maîtresse, on doit beaucoup espérer, car je n'en ai point vu qui l'ait eue parfaite qui n'ait réussi.

Il faut que les entretiens que l'on a avec elles soient fort sérieux, et qu'on leur témoigne grande charité, mais nulle familiarité. »

JACQUELINE PASCAL.

« Le *principal* peut faire des biens infinis par ces entretiens familiers où les écoliers s'ouvrent à lui, et lui parlent comme à un bon ami. On peut employer quelquefois le temps des récréations à ces sortes d'entretiens. Quand les écoliers estiment et aiment le *principal*, ils n'ont pas de peine à s'ouvrir à lui; mais il faut faire en sorte, par le secret inviolable qu'on leur gardera, qu'ils n'aient jamais lieu de s'en repentir. »

ROLLIN.

II. — Notes sur quelques caractères en particulier.

Caractères orgueilleux :

« Il y a un art de traiter l'amour-propre, de le contenir, et d'en tirer même parti pour le bien. Au lieu de s'irriter, de perdre patience quand on se trouve en face d'une nature orgueilleuse sans docilité et sans respect, qu'on étudie avec calme, avec suite, avec zèle toutes les formes de cet orgueil, toutes ses nuances, toutes ses saillies, tous ses caprices, tous ses ombrages; qu'on épie avec attention tous les moments, qu'on applique avec fermeté et prudence tous les remèdes; de telles natures sont rarement stériles pour le bien; elles peuvent donner dans des accès terribles, mais elles sont aussi capables de grandes choses. Il y a dans ces âmes une semence de générosité, et c'est là une profonde ressource; cette semence est gâtée, altérée, et de l'abondance de sa sève poussent des jets insolents et superbes; mais la sève est là, le germe est là : il faut le purifier, l'ennoblir; alors les fruits merveilleux peuvent naître; c'est le devoir de l'éducation de tout faire pour les produire. »

DUPANLOUP.

Caractères indolents :

« Il faut avouer que de toutes les peines de l'éducation, aucune n'est comparable à celle d'élever des enfants qui manquent de sensibilité. Les naturels vifs et sensibles sont capables de terribles égarements; les passions et la présomption les entraînent; mais aussi, ils ont de grandes ressources et reviennent souvent de loin. L'instruction est en eux un germe caché qui pousse et qui fructifie quelquefois, quand l'expérience vient au secours de la raison et que les passions s'attiédissent; au moins, l'on sait par où l'on peut les rendre attentifs et réveiller leur curiosité; on a en eux de quoi les intéresser à ce qu'on leur enseigne et les piquer d'honneur, au lieu qu'on n'a aucune prise sur les caractères indolents. Toutes les pensées de ceux-ci sont des distractions; ils ne sont jamais où ils devraient être; on ne peut même les toucher jusqu'au vif par les corrections; ils écoutent tout et ne sentent rien. Cette indolence rend l'enfant négligent et dégoûté de tout ce qu'il fait. C'est alors que la meilleure éducation court le risque d'échouer si l'on ne se hâte d'aller au-devant du mal dès la première enfance. »

Fénelon.

« Avec un tempérament indolent, vous n'avez pas à redouter ce qu'il faudrait craindre ailleurs, d'exalter une tendance quelconque par des encouragements immodérés. C'est la vivacité des désirs qui fait défaut, c'est par conséquent ce que vous devez vous efforcer d'exciter et d'accroître; car partout où il n'y a pas de désir, il n'y a pas d'activité. »

Locke.

Caractères froids :

« Un caractère froid, discret, réservé, paraît quelquefois concentré et presque sauvage; cependant l'expérience m'a appris que ces caractères-là cachent souvent sous cette froideur une sensibilité profonde, et sont capables des affections les plus vraies et les plus dévouées. Ce qu'il faudrait donc, c'est, en les élevant, d'ouvrir et de dilater leur cœur, de leur inspirer une sensibilité plus expansive, une affabilité douce et affectueuse; on ne trouverait plus alors dans ces natures qu'une délicatesse réservée qui se laisse deviner et n'en a que plus de charme; de la gravité, de la dignité, du sang-froid et un précieux empire de l'âme sur elle-même. »

DUPANLOUP.

Enfants timides..., faibles..., tristes :

« ... Ceux-là sont ordinairement les enfants timides ou faibles, doux de caractère, et même un peu bornés. Ce sont encore les enfants rebutés par leurs parents, indifférents à tout le monde, laids ou infirmes, et souffre-douleurs de leurs jeunes frères. On comprend que c'est non seulement la justice, mais la charité la plus fervente et la plus patiente qui doit diriger notre conduite envers eux.

Toutefois, que cette charité de notre âme ne se manifeste que d'une façon honorable et fortifiante pour celui qui en est l'objet. Point de démonstrations puériles, point de préférences affichées, point de caresses annoncées comme compensation... Soyez avec cet enfant vraiment affectueux, mais soyez-le naturellement, afin que l'enfant ne trouve dans vos égards et votre prévenance que votre manière d'agir envers tout le monde. Cherchez, saisissez, faites naître les occasions de le mettre en honneur aux yeux de ses camarades, à ses propres yeux et à ceux de sa famille. »

Mme PAPE-CARPENTIER.

Enfants gâtés :

« L'amour de la domination, l'orgueil, l'égoïsme, la jalousie, voilà les défauts les plus saillants de l'enfant gâté.

L'enfant gâté est encore jaloux, car il est égoïste, et ce dernier défaut est père de l'autre.

Avec ces enfants, il faut se montrer continuellement sage, bon, mesuré, mais ferme, ce qui ne veut pas dire sévère. La sévérité exige pour les moindres fautes de grandes réparations; la fermeté se borne à exiger que ce qu'on a une fois décidé s'accomplisse. »

Mme PAPE-CARPENTIER.

Enfants non développés :

« Il en est d'autres qui ont à la vérité un assez bon fonds, mais dont l'esprit paraît d'abord bouché à l'instruction, soit parce qu'élevés d'une manière molle et nourris dans une ignorance entière de leurs devoirs, ils ont contracté un grand nombre de mauvaises habitudes qui sont comme une rouille difficile à enlever. C'est pour ces sortes de caractères qu'un maître est nécessaire ; et il vient presque toujours à bout de vaincre ces défauts, quand il emploie pour cela beaucoup de douceur et de patience. »

ROLLIN.

Enfants turbulents :

« Que les instituteurs y regardent de près et ils verront que l'enfant le plus agité, le plus turbulent a au milieu de tous ses défauts quelque chose de vrai, d'ingénu, de naturel qui est d'un prix infini et mérite tous les respects...... Oui, l'enfant le plus étourdi, j'ai presque dit le plus violent, c'est celui-là même qui montre tout à coup à ceux qui savent s'en faire aimer un goût de candeur et de vérité qui ravit ; c'est lui qui fait sentir tout à coup dans son cœur, quand on a su l'attendrir, je ne sais quoi de doux, d'innocent, de gai, de paisible, qui émeut profondément. »

DUPANLOUP.

Enfants bien doués :

« Il y a des enfants si bien nés, d'un naturel si heureux et si docile qu'il suffit de leur montrer ce qu'il faut faire, et qui, sans avoir besoin des longues leçons d'un maître, au premier signal, saisissent le bon et l'honnête et s'y livrent paisiblement. Vous diriez qu'il y a en eux de secrètes étincelles de toutes les vertus, qui pour se développer et pour prendre feu ne demandent qu'un souffle léger et un simple avertissement. Ces caractères sont rares et ils n'ont presque pas besoin de guides. »

ROLLIN.

Les lectures aident à l'observation psychologique pratique. Outre les manuels de psychologie générale, consulter :

L'Évolution intellectuelle et morale de l'enfant, par Compayré.

Études sur l'Enfance, par James Sully, traduit de l'anglais par Monod.

Les trois premières années de l'Enfant, par Bernard Pérez.

L'Éducation du caractère, par Alexandre Martin.
L'Éducation progressive, par Mme Necker de Saussure.
L'Enfant, par Dupanloup.

Le roman d'un Enfant, par P. Loti.
Jack, par A. Daudet.
Sans famille, par H. Malot.
Mémoires d'une Enfant, par Mme Michelet.

LIVRE IV

DE LA DISCIPLINE

RÉCOMPENSES ET PUNITIONS

DE LA DISCIPLINE

I. — Principes.

Est-il besoin de rappeler que, sans la discipline, il n'y a pas d'éducation possible?

Je parle d'une discipline douce, large, faisant dans l'ordre et la ponctualité la part de la liberté, de l'élan, et parfois de ces éclats, de ces rires irrésistibles de la jeunesse.

Toute autre discipline rigoureuse, sombre, inflexible, est à rejeter loin de nos enfants si ouverts, si aimables et si heureux en général, avec qui soutient leur faiblesse et sourit à leur grâce.

II. — Mesures préventives pour obtenir la discipline.

Il faut s'attacher surtout à *prévenir* l'indiscipline. Voici l'indication de quelques mesures à prendre pour y réussir.

a) **Mesures préventives avant la classe.** — *Préparation des leçons et des exercices* :

« Ce n'est pas seulement la leçon, ce sont tous les exercices de la classe que le maître doit préparer avec soin. Et je ne parle pas seulement de la préparation prochaine des occupations de chaque jour; j'entends aussi la préparation à longue échéance du travail de l'année tout entière. Il faut que dès le premier jour de la rentrée, l'instituteur se soit fait une vue d'ensemble de la distribution générale des matières, du développement qu'il convient de donner à chaque partie du programme; sans quoi il risque de s'attarder sur tel point, pour être ensuite obligé de courir trop vite sur tel autre. »

COMPAYRÉ.

La préparation des leçons et de tous les exercices est non seulement indispensable à un bon enseignement, mais elle l'est encore à une bonne discipline. Sans elle, il y a oublis, hésitations de la part de la maîtresse, attente de la part des enfants, et, par suite, dans toute la classe, désordre, indiscipline.

Emploi du temps. — Un bon emploi du temps est très favorable à la discipline.

Préparation matérielle de la classe. — Avant la classe, préparer la craie, les torchons de tableau ; et si le soleil pénètre dans les salles, tirer les rideaux ou fermer les persiennes.

Écrire lisiblement au tableau la liste des devoirs, les exercices, la liste des leçons à apprendre et des devoirs à faire à la maison.

La négligence de tous ces détails entraîne le désordre à sa suite. — Au contraire, si tout est prêt pour recevoir les élèves dès leur arrivée, bien des motifs de distraction et d'indiscipline sont écartés.

b) **Mesures préventives pendant la classe.** — *Mesures générales.* — La tenue irréprochable, la dignité, la bonté, la fermeté, l'autorité de la maîtresse sont les agents principaux de la discipline; ils imposent la modération dans les heures de liberté et préviennent tout désordre dans les cas exceptionnels où les mesures d'ordre n'auraient pas été prises à l'avance.

L'enseignement de la morale, et tout enseignement clair et intéressant entretiennent le calme, le silence, l'attention. Pendant une leçon bien faite, en particulier, il est rare que les infractions à la discipline soient nombreuses.

Lire ou dire un *règlement* dès la rentrée d'octobre, puis y revenir encore deux ou trois fois dans le courant de l'année, notamment après des vacances, afin que les élèves connaissent bien ce qui leur est permis et ce qui leur est défendu.

Mesures de détails. — Avant de commencer une leçon, faire rentrer dans les pupitres : livres, cahiers, ou tout autre objet de distraction, puis exiger la bonne tenue et le silence.

Au début de tout exercice, donner toutes les explications préliminaires nécessaires afin d'éviter les demandes qui, sans cette précaution, ne manqueraient pas d'arriver de tous les côtés de la classe à la fois.

Lorsque l'heure de la fin d'un devoir approche, ne pas dire aux élèves: « Avez-vous fini? » Mais s'en assurer soi-même.

Avoir toujours sur sa classe un regard d'ensemble, et ne pas baisser au contraire trop longtemps les yeux sur ses livres ou sur ses cahiers, ni regarder toujours les mêmes élèves.

Ne pas tourner le dos à la classe en écrivant au tableau noir, mais s'incliner de côté.

En circulant entre les tables pour surveiller les exercices pratiques, ne pas perdre de vue l'ensemble de la classe.

Des pas inutiles, des gestes nombreux, des paroles abondantes, le ton élevé, enfin l'agitation de la maîtresse provoque toujours, qu'on ne l'oublie point, l'agitation des élèves. Il ne faut pas craindre, au contraire, de s'asseoir aussi souvent qu'on le peut, et il faut s'habituer à ne pas élever la voix, à parler distinctement sur un ton bas, mais de façon à être entendue sans peine il va sans dire.

Ne pas faire de discours de morale à tout moment. Parfois, prendre simplement en note les fautes commises, de manière à être vue par les coupables, et réserver ses observations pour la prochaine leçon de morale.

Lorque les élèves rentrent ou sortent ensemble, marcher de façon à avoir toujours les rangs en face de soi.

Ne pas tolérer les *échanges* que les élèves font parfois entre elles, *échanges* qui provoquent souvent le désordre et d'ennuyeuses réclamations.

c) Relations mutuelles entre les maîtresses :

« Un autre moyen de conserver la discipline et le bon ordre d'un *collège*, c'est de soutenir avec fermeté et sagesse les maîtres subalternes, de bien établir leur autorité, de les appuyer fortement dans l'occasion et de ne jamais leur donner tort en présence des écoliers, mais se réserver de leur dire en particulier ce qu'on jugera à propos, et leur donner les avis nécessaires. »

ROLLIN.

Il n'est peut-être point inutile de rappeler aux institutrices que toute propagande faite en vue d'augmenter leur nombre d'élèves au détriment de leurs concurrentes est nuisible à leur autorité et à leur dignité.

III. — Mesures répressives.

En général, réprimer l'indiscipline dès qu'elle commence, car ensuite ce serait trop tard. Savoir cependant fermer les yeux sur des riens passagers.

Pendant une leçon, s'arrêter dès qu'une enfant se distrait ou cause, la regarder sans rien dire, puis reprendre sa leçon. — A une seconde infraction, ajouter un mot d'observation. Si le désordre se renouvelle, envoyer l'élève qui le cause à une dernière table d'où, n'étant plus vue par ses compagnes, elle ne leur sera plus un sujet de distraction. Justifier la mesure.

Inutile de répéter après tant d'autres que la coupable ne doit point être envoyée dans le couloir ou dans la cour.

Parfois, menacer de supprimer, pour toute la classe, une histoire que l'on se propose de raconter, une partie de plaisir, etc... Cette menace suffit pour intéresser toutes les élèves à la bonne discipline ; on en voit même alors réprimer du regard les plus étourdies.

RÉCOMPENSES ET PUNITIONS

Il est difficile d'établir un système de sanctions pour les élèves, car l'effet produit par les récompenses et les punitions dépend en grande partie des maîtres.

Les uns obtiennent tout à l'aide de quelques mots de louange ou de blâme donnés à propos, alors que les autres n'obtiennent à peu près rien, malgré tout un cortège de punitions et de récompenses.

Voici cependant quelques principes directeurs :

I. — Récompenses.

On courrait risque de décourager les enfants si on ne les récompensait jamais.

Qualités à récompenser. — Il est des qualités qu'i serait dangereux de récompenser:

« Au premier rang des qualités qu'il n'est pas toujours prudent de récompenser, je placerais la probité. »

Vessiot.

Laisser voir aux enfants que l'on trouve tout naturel de rendre à chacun ce qui lui appartient... de ne pas dire de mensonge..., etc.

Manière de récompenser. — Avant tout, il faut récompenser de manière à faire apprécier le *témoignage de la conscience*, car c'est la récompense qui domine toutes les autres et même les injustices ; c'est la récompense vraie.

Graduer les récompenses suivant l'âge et le développement des élèves, de manière à mettre de plus en plus en valeur la satisfaction de la conscience. On peut, par exemple, donner parfois aux jeunes enfants des images, des jouets en papier, comme témoignages palpables de la joie que cause leur bonne conduite. Il faut, au contraire, apprendre peu à peu aux grandes élèves à se passer même des louanges que mériteraient leurs efforts.

Approprier autant que possible la récompense à la nature du mérite à récompenser.

Selon qu'on le jugera à propos, donner les récompenses en particulier ou en public.

Indication de quelques récompenses. — *Louanges* :

« Quoique les louanges soient à craindre à cause de la vanité, il faut tâcher de s'en servir pour animer les enfants sans les enivrer. »

FÉNELON.

Témoignages de confiance. — Demander un service... confier une enfant à des élèves ordinairement franches et sérieuses, etc.

Récompenses pour le travail. — Louer parfois, immédiatement après les leçons, les enfants dont l'attention a été le plus soutenue.

Tenir un cahier des notes méritées par les élèves. A la fin du mois, donner un compte rendu général de ces notes, avec des appréciations sur le travail et la conduite.

Témoigner toujours de son respect et de sa préférence pour la vertu.

Relations avec les parents. — Faire part aux parents de la satisfaction causée par la conduite de leurs enfants.

NOTE. — Il est bien difficile, dans les classes nombreuses, de tenir régulièrement des *carnets de correspondance*. Les remplacer par quelques mots écrits et signés sur les cahiers journaliers que les enfants doivent porter à leurs parents une fois par semaine. Exiger la signature du père ou de la mère ou des personnes responsables.

II. — Punitions.

« Les enfants se sentent plus innocents quand ils ont subi sans murmurer les conséquences de leurs fautes ; cela même est un principe d'amélioration. »

Mme NECKER.

Fautes à punir :

« Les fautes punissables ont leur principe dans la volonté. »

LOCKE.

« Ne nous pressons pas non plus de voir de l'obstination, de la mauvaise volonté dans des actes qui ne sont que l'effet naturel de l'âge et du tempérament. Dans ce cas, il faut simplement venir en aide aux enfants, leur tendre la main pour les ramener doucement. »

LOCKE.

« Le seul vice ce me semble qui mérite un traitement sévère, c'est l'opiniâtreté dans le mal, mais une opiniâtreté volontaire, déterminée et bien marquée. »

ROLLIN.

« Il faut punir le plus rarement qu'il vous sera possible, et pour cela, il ne faut pas voir toutes les fautes ; mais quand on ne peut ignorer que vous les avez vues, il ne faut pas les pardonner si elles sont considérables et ont été déjà pardonnées. Il ne faut pas non plus attaquer tout à la fois, mais commencer par le plus pressé. »

Mme DE MAINTENON.

Manière de punir :

Il faut punir de manière à rendre plus vif le remords.

« Si vous voulez développer chez l'enfant des sentiments dignes d'un homme libre, c'est de la honte de la faute, c'est de la disgrâce qui en est la conséquence qu'il faut lui faire peur plus que de la peine elle-même. »

LOCKE.

Graduer les punitions suivant l'âge et le développement des élèves, et les approprier aux fautes autant que possible.

Punir avec calme, bonté et fermeté :

« Rien n'affaiblit tant une réprimande que la quantité de paroles. »

Mme DE MAINTENON.

« Ce qui est le plus antipathique aux enfants, c'est l'ironie, ce sont les insinuations aigres et indirectes. Ces traits inattendus leur serrent le cœur, font succéder l'amertume à la joie.... En leur parlant franchement, on leur montre par là quelque estime, on suppose qu'ils sont accessibles à la raison : alors du moins ils peuvent répondre ; mais quelle ressource leur reste-t-il quand on les blesse et qu'on n'a pas l'air de les attaquer ! »

Mme NECKER.

« Il faut toujours commencer par essayer de la douceur, avertir plusieurs fois, donner un temps suffisant pour qu'on puisse se corriger, et ne jamais prendre, comme on dit, les gens en trahison. »

Mme DE MAINTENON.

« Il ne faut pas l'accabler (*l'élève*) par une multitude de répréhensions qui lui ôtent l'espérance de se pouvoir corriger des fautes qu'on lui reproche. Il serait bon même de ne point dire à un enfant son défaut sans ajouter quelque moyen de le surmonter ; car la correction, quand elle est sèche, inspire le chagrin et le découragement. »

ROLLIN.

« Comme la punition doit être rare, il faut tout employer pour la rendre utile. Montrez par exemple à un enfant tout ce que vous avez fait pour éviter cette extrémité. Paraissezlui affligé de vous y voir réduit malgré vous. Retranchez les marques d'amitié ordinaire jusqu'à ce que vous voyiez qu'il ait besoin de consolation. Rendez ce châtiment public, et tenez-le secret, selon que vous jugerez qu'il sera plus utile à l'enfant, ou de lui causer une grande honte, ou de lui montrer qu'on la lui épargne. Réservez cette honte publique pour servir de dernier remède. »

ROLLIN.

« Quand il y en a de petites entièrement obstinées et rebelles, il faut trois ou quatre fois les obliger aux mêmes petites satisfactions. Cela les dompte entièrement quand elles voient qu'on ne se lasse pas. Mais quand on le fait un jour et qu'on leur pardonne l'autre, ou qu'on les néglige, cela ne fait aucune impression sur leur esprit, et il se trouve qu'il faut en venir à des moyens plus forts que ceux que l'on aurait employés avec quelque sorte de continuation. »

JACQUELINE PASCAL.

« On peut juger que les réprimandes ont eu tout le succès qu'on en devait attendre quand elles portent un *jeune homme* à avouer de bonne foi ses fautes, et à recevoir avec docilité les avis qu'on lui donne. »

ROLLIN.

Étudier le moment auquel il faut punir :

« Ne reprenez jamais l'enfant ni dans son premier mouvement ni dans le vôtre. Si vous le faites dans le vôtre, il s'aperçoit que vous agissez par humeur et par promptitude, et non par raison et par amitié, vous perdez sans ressource votre autorité. Si vous le reprenez dans son premier mouvement, il n'a pas l'esprit assez libre pour avouer sa faute, pour vaincre sa passion et pour sentir l'importance de vos avis ; c'est même exposer l'enfant à perdre le respect qu'il vous doit. »

FÉNELON.

« Il est aussi difficile de fixer des idées nettes dans une âme agitée par la frayeur que de bien écrire sur un papier qui tremble. »
LOCKE.

Laisser l'enfant sous l'impression de la punition un temps suffisant pour qu'elle soit efficace.

« Toutefois, il serait dangereux de prolonger un tel état; l'enfant s'y accoutumerait comme à tout autre ; le bonheur, nécessité de son âge, reprendrait bientôt le dessus. Il y a pour la réconciliation un moment à saisir, passé lequel le plus malheureux se console... Accordez donc le pardon franchement, tendrement s'il est possible ; rien ne produit le repentir comme la bonté. »
Mme NECKER.

Varier les punitions :

« C'est une grande partie du mérite des maîtres de savoir imaginer différentes espèces et différents degrés de punitions pour corriger leurs disciples. Il dépend d'eux d'attacher une idée de honte et d'opprobre à mille choses qui, d'elles-mêmes, sont indifférentes et qui ne deviennent châtiments que par l'idée qu'on y a attachée. »
ROLLIN.

Il faut abandonner certaines punitions pendant un temps pour y revenir ensuite, afin de lui redonner un peu de la force de la nouveauté.

Indication de quelques punitions.

Les réprimandes en particulier ou en public.

La suppression des plaisirs promis.

Inutile de défendre de nouveau les interminables pensums; mais, si on le juge à propos, faire développer aux enfants, par écrit, quelques réflexions personnelles sur leur conduite.

Refuser d'accepter un service de la part des enfants coupables. Leur témoigner de la *froideur*; les saluer froidement à l'entrée des classes; paraître indifférent à ce qu'ils peuvent dire ou faire; les laisser jouer seuls pendant les récréations; mais, dans ce dernier cas, veiller à ce qu'ils se donnent le mouvement nécessaire.

« Évitez, d'une part, cette faiblesse si commune chez les mères qui grondent et pardonnent presque dans la même minute; d'autre part, ne continuez pas sans nécessité à montrer de la froideur pendant trop longtemps, de peur que votre enfant ne s'accoutume à se passer de votre affection, et que vous ne perdiez ainsi votre influence sur lui. »

H. Spencer.

Dans les cas extraordinaires, prévenir les parents, soit dans une visite, soit par une lettre qu'on leur fera parvenir par la poste, afin de déjouer les ruses des enfants.

Punitions pour le travail :

Parfois réprimander immédiatement après les leçons les enfants dont l'attention n'a pas été soutenue.

Tout devoir mal fait est à refaire; toute leçon non sue est à réapprendre.

Prendre en note les punitions données, afin de ne pas oublier de les réclamer.

A la fin du mois, récapituler les notes, en ajoutant quelques blâmes quand il y a lieu. — Mais encourager et faire valoir les enfants travailleurs dont le succès ne répond pas aux efforts.

« L'enseignement, quand il est inspiré par un ardent désir de faire la lumière dans les âmes, apparaît comme une manifestation supérieure de la charité, de la bienfaisance morale. »

MARION.

« Est-il une plus noble influence que celle qui agit sur le caractère, et celui qui l'exerce n'accomplit-il pas une grande œuvre, quelque étroite et obscure que soit la sphère où il vit ? »

CHANNING.

ERRATUM

Page 96. — *Au lieu de* : ne sont pas des compléments (faire constater la différence), *lire* : ne sont pas désignés sous le nom de compléments (expliquer pourquoi.)

Page 155. — A *Livres à consulter*, ajouter : L'année préparatoire avec récits,... La première année... d'histoire de France, de Lavisse.

Page 221. — *Au lieu de :* en papier de carton, *lire :* en papier ou en carton.

TABLE DES MATIÈRES

De l'Éducation... 7
LIVRE I. — ÉDUCATION PHYSIQUE 17
  Chapitre I. — Principes généraux................ 19
  Ch. II. — Tenue de la classe..................... 20
  Ch. III. — Tenue des élèves...................... 23
  Ch. IV. — Maladies des enfants.................. 27
  Ch. V. — Exercices d'observation................ 29
  Ch. VI. — Les récréations....................... 31
  Ch. VII. — La gymnastique...................... 35

LIVRE II. — ÉDUCATION INTELLECTUELLE 39
  Chapitre I. — Principes généraux................ 41
  Ch. II. — Classement des élèves................. 44
  Ch. III. — Enseignement oral.................... 46
  Ch. IV. — Procédés pouvant servir à l'enseignement des différentes matières du programme........ 56
    Les programmes............................. 56
    Lecture.................................... 57
    Écriture................................... 70
    Grammaire................................. 88
    Analyses.................................. 102
    Orthographe............................... 109
    Lecture expliquée.......................... 120
    Lectures en classe et dans la famille........ 126

Composition française	131
Histoire	149
Géographie	168
Instruction civique	185
Arithmétique	194
Système métrique	215
Dessin linéaire. — Géométrie	219
Sciences	224
Travail manuel	249
Dessin	254
Chant	263
Langue étrangère	270
Conclusion	272
Ch. V. — Leçons et devoirs	273
Ch. VI. — Cahiers et registres	276
Ch. VII. — Emplois du temps	280
LIVRE III. — ÉDUCATION MORALE	285
Chapitre I. — Principes généraux	287
Ch. II. — Moyens généraux d'éducation morale	291
Ch. III. — Moyens d'éducation particuliers à chaque enfant	313
LIVRE IV. — DE LA DISCIPLINE. — RÉCOMPENSES ET PUNITIONS	319

MACON, PROTAT FRÈRES, IMPRIMEURS.

Documents manquants (pages, cahiers...)
NF Z 43-120-13

www.ingramcontent.com/pod-product-compliance
Lightning Source LLC
Chambersburg PA
CBHW072019150426
43194CB00008B/1173